음악의 힘

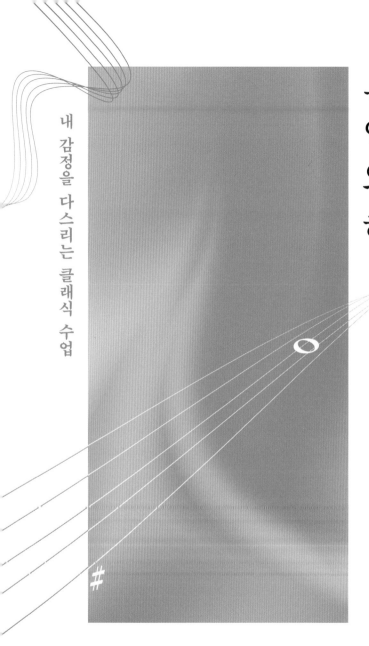

음악의 힘

내 감정을 다스리는 클래식 수업

문소영 지음

다산
초당

차례

1부   **사랑** *love*

All You Need is Love

5부 죽음 _death_
인생의 마지막 종착지

음악에서
나를 만나다

"제가 요즘 많이 힘든데 어떤 음악을 들으면 기운이 날까요?"

"우리 아이가 조금 산만한데 클래식을 들으면 차분해질까요?"

누군가를 만났을 때 직업이 음악치료사라는 것을 밝히면 종종 이런 질문을 하곤 한다. 그런데 문제는 질문한 사람에게 특정한 악곡을 바로 답해주기가 어렵다는 것이다. 단순히 귀찮다거나 당장 떠오르는 곡이 부재해서가 아니라, 그 질문에 대한 답을 찾기 위해서는 '음악치료'에 대한 이해가 선행돼야 하기 때문이다.

미국음악치료학회American Music Therapy Association의 정의에 따르면, 음악치료란 공인된 음악치료 교육과정을 이수한 전문 음악치료사가 내담자의 개별화된 치료 목표에 도달하기 위해 임상적 음악 중재 방법을 활용하는 것이다. 쉽게 말하면 훈련받은 음악치료 전문가가 목적과 상황에 맞는 방법으로 음악을 활용하는 것이다.

그러니 내가 앞의 질문에 쉽게 대답할 수 있을 리가 없다. 우울할 때는 누구의 무슨 곡이라는 식으로 단정 지어 말하기 곤란하기 때문이다. 하지만 그런 곡목을 알려달라는 제안을 여러 경로로 받다 보니, 전문적인 음악 중재와는 별개로, 누구나 자신의 플레이리스트를 만들고, 그에 도움이 될 만한 가이드가 필요하다는 사실에는 공감할 수밖에 없었다.

그때 마침 출판사로부터 '클래식이 인생에 필요한 순간'이라는 주제로 '음악의 힘'에 관한 책을 써달라는 제안이 들어왔다. 여느 때 같으면 성중히 서절했겠지만 그 필요성에 공감한 바가 있었기 때문에 쉽지 않은 도전임에도 불구하고 받아들이기로 했다. '음악치료'와 '클래식'이라는 두 단어를 연결하는 것이 만만치 않은 작업이지만, 이 책을 읽을 독자와 전문 음악치료사에게 이르기까지 한 번쯤 참고할 만한 유용한 리스트를 제공하고 싶었다.

더 나아가 호주 멜버른대학교에서 음악치료 학위과정에 있을 때 지도교수였던 드니스 그로키Denise Grocke 교수님이 음악치료 수용기법Receptive Methods of Music Therapy의 세계적인 대가이기 때문에, 음악감상을 통한 중재 기법에 대한 그간의 생각을 정리할 필요도 느꼈다.

이렇게 말하면 책이 너무 전문적이고 지루하지 않을까 걱정할 독자들을 위해 미리 밝혀두겠다. 이 책은 음악치료 기법에 기초하지만, 임상적인 음악 중재를 넘어 '음악에서 나를 만나다'라는 모토로 클래식 음악을 안내하려고 한다. 따라서 음악에 대한 기본 정보와 그 음악과 관련된 에피소드를 함께 소개하고, 자신을 탐색하고 음악으로 힘을 얻을 수 있는 감상 가이드를 제공할 것이다.

무엇보다 이 책을 통해 독자들이 클래식에 더 가까이 다가가기를 바란다. 사실 우리 주위에는 수많은 클래식이 다양한 방식으로 활용되고 있다. 세계적인 인기를 얻은 넷플릭스 드라마 「오징어 게임」에 삽입된 하이든Joseph Haydn의 「트럼펫 협주곡Trumpet Concerto in E Flat Major」의 경우, 나와 비슷한 세대는 TV

프로그램 「장학퀴즈」의 시그널 음악을 떠올릴 테고, 어린 친구들은 '엘리하이'라는 학습지 CM송으로 기억할 것이다. 이렇듯 알게 모르게 클래식은 우리 삶과 긴밀하게 연관돼 있다. 제11차 세계음악치료학술대회의 주제이기도 했던 '자장가에서 장송곡까지From Lullaby to Lament'라는 문구가 말해주듯, 우리는 태어나면서부터 생을 마칠 때까지 음악 안에서 살아가며 음악에 대한 자신만의 이력을 만들어가고 있다.

　이 책에서는 사랑, 일, 휴식, 삶, 죽음이라는 다섯 가지 테마를 바탕으로 클래식을 소개하고 감상에 도움이 되는 방법을 제시할 것이다. 대부분은 고전음악이지만, '이제는 클래식'이라고 부를 수 있는 장르도 포함된다. 결국 마지막 책장을 넘길 때쯤이면 다소 엉뚱한 답이 될지도 모르지만, '이럴 때 이런 음악을 들어라'가 아니라 '이런 음악을 이렇게 들으면 자신에 대한 인식이 깊어질 수 있다'는 결론을 만나게 될 것이다. 이 책을 어떻게 활용하느냐는 독자들에게 달렸다.
　만약 지금 낭신의 인생에 클래식이 필요하다면 볼륨을 높여 음악을 들어보라. 음악의 힘을 느낄 수 있을 것이다.

내가 경험한
음악의 힘

고전음악을 통한 음악의 힘을 본격적으로 소개하기 전에 음악치료 현장에서 경험한 음악의 힘에 관한 두 개의 사례를 소개하고자 한다. 음악치료사로서 내담자를 대하는 자세나 악곡을 선택하는 데 지대한 영향을 끼친 경험일 뿐만 아니라, 두 사례가 여러 면에서 대비돼 깊은 인상이 남았다.

또한 음악치료에서 치료사의 중재가 왜 필요한지 알 수 있는 사례임과 동시에 그러한 제약에도 불구하고, 이 책을 읽는 독자들이 음악감상을 통해 음악의 힘을 체득하고자 할 때 어떻게 해야 할지 그 열쇠를 찾을 수 있다고 생각한다.

마비를 극복하게 만드는 음악의 힘

호주에서 석사과정 음악치료를 공부하던 시절 멜버른 근교의 요양병원으로 실습을 나간 적이 있다. 당시 나의 슈퍼바이저가 진행하는 노인 그룹 세션의 음악치료를 보조하는 역할이었는데, 어느 날 슈퍼바이저가 조금 당황스러운 제안을 했다. 그룹 음악치료를 거부하는 내담자 한 명을 내가 개인 치료를 했으면 좋겠다는 것이었다. 아직 수련 중인 학생에게는 부담스러운 일이었지만 언젠가는 부딪혀야 할 문제라는 생각이 들어 제안을 수락했다.

문제의 내담자는 80세의 할아버지였는데, 뇌졸중으로 오른쪽 마비 증상을 겪고 있어 재활을 돕는 프로그램이 필요했다. 특이사항으로 평생 음악연주자와 지휘자, 음악감독으로 활동한 경력이 있었다. 내담사에 내한 정보를 보니 그룹 음악치료를 거부하는 이유가 짐작됐다. 우리 사회에서 트로트 열풍이 사라지지 않는 것처럼, 노인을 대상으로 하는 그룹 음악치료를 할 때는 주로 어르신이 왕성하게 활동하던 시절에 유행했던 레퍼토리가 사용된다. 그런데 클래식을 전공한 내담자는 그것이 탐탁지 않을 수 있는 데다가, 뇌졸중으로 인해 더 이상 자유자재로 음악을 연주할 수 없는 것에 대한 상실감도 큰 듯 보였다.

쉽지 않은 치료가 시작됐고 예상했던 어려움을 고스란히 겪을 수밖에 없었다. 나 또한 클래식을 전공했기 때문에 내담자가 친근하게 수용할 만한 음악들을 권유했지만 쉽게 마음을 열지 않았다.

그러던 어느 날 내담자가 음악치료 시간이 돼도 입실하지 않아 찾아보니 요양원 문밖에서 요지부동하며 오늘은 어떤 치료도 거부하겠다고 하는 게 아닌가? 내담자를 간신히 설득해 치료실로 데리고 왔다. 이유인즉슨 늘 자신을 간병하던 부인이 몸이 좋지 않아 요양원에 오지 않았기 때문이었다. 화가 난 내담자를 달래기 위해 피아노 앞에 앉아 「즐거운 나의 집」을 여린 셈여림의 느린 템포로 편곡해 연주했다. 그런데 평소와 달리 내담자가 반응을 보이는 것이었다. 내담자는 방금 친 곡이 「홈, 스위트 홈Home, Sweet Home」이냐고 하며, 자신이 다섯 살 때 처음으로 그 곡을 바이올린으로 연주했다고 말했다. 음악 신동으로 불리던 일부터 시작해, 음악에 얽힌 추억을 반짝이는 눈빛으로 열의를 가지고 차근차근 말하기 시작했다.

서서히 마음의 문을 열게 된 후 극적인 변화를 가져온 계기가 또 하나 있었다. 부활절을 앞두고 내가 다니던 한인교회에서 헨델Friedrich Händel의 「메시아Messiah」를 공연하기 위해 연습을 하고 있었고, 이 곡을 내담자에게 들려주었다. 그런데 놀랍게도 마비된 오른손을 조금씩 움직이더니 내 피아노 연주에 맞춰 지휘를 시작하는 게 아닌가. 그 모습을 본 할머니는 눈물을 뚝뚝 흘리며 "오늘은 당신의 날"이라고 할아버지에게 말했고, 나도 깊은 감동을 받았다.

불완전 편마비를 동반하는 신체의 경우, 통증이나 협응의 난조로 동작을 시도하는 것부터 어려움이 발생한다. 문제는 이것으로 인해, 잔존하는 기능이 있음에도 불구하고 손상된 부위를 사용하지 않고 건강한 쪽으로만 동작을 수행하려 한다는 것이다. 이런 상황이 반복되면 재활은 더 어려워진다. 그런데 음악은 뇌의 중추신경계 거의 모든 부분을 자극시키기 때문에 기억과 관계된 부분이 활성화되면 이와 관련된 운동피질도 함께 활성화되는 경우가 있다. 이 내담자의 경우에도 음악에 대한 기억이 지휘하는 행동을 하도록 자극하다 보니 마비로 인해 위축됐던 오른손으로 움직임을 시도하도록 동기를 유발한 것이다.

마비를 극복하게 만드는 음악의 힘을 느끼면서 신경학적 음악치료를 전공하는 나로서는 음악치료를 통한 재활의 가능성을 확신할 수 있게 됐다. 또한 음악치료를 할 때 그 효과를 극대화하기 위해서는 내담자와 충분히 공감하고 그를 통한 중재기법을 마련하는 것이 중요하다는 사실을 절감했다.

잠재된 음악 기억이 가지는 음악의 힘

다음 내담자는 국내 대학병원에서 음악치료를 하며 만난 20대 여성이었는데, 뇌 전반의 심각한 손상으로 인해 마비의 정도가 훨씬 심했다. 이 내담자는 사지마비로 휠체어로 이동해야 했고, 극도의 연하곤란으로 언어적인 의사소통도 어려웠다. 내담자는 음악치료실에 입실한 뒤 피아노 건반을 발견하자 마비로 인해 건반에서 손이 미끄러지는 일이 더 많음에도 불구하고, 오른손으로 건반을 두드리기 시작했다. 악곡을 연주한다기보다는, 악기를 재활의 도구로 활용해 다감각적이고 기능적인 손가락 훈련을 할 수 있도록 이끄는 것이 치료의 의도였다. 어느 날 내담자가 건반을 치는 것을 듣다가 감지되는 멜로디가 있었다. 내담자는 무작위로 건반을 누르는 것이 아니었다. 도에서부터 시작된 음의 진행이 의미 있는 패턴을 형성했다. 바로 「플라이 미 투 더 문Fly Me to the Moon」의 멜로디 윤곽이 드러나는 것이었다. 이 곡의 주선율은 매우 순차적으로 한 음씩 진행되는데 간헐적으로 이어지는 멜로디라 쉽게 알아챌 수는 없었지만 분명 「플라이 미 투 더 문」의 선율을 따라가며, 조금씩 음의 길이도 악곡의 리듬과 유사하게 맞춰 연주하는 것이었다.

이후 와이먼Addison Wyman의 「은파Silvery Waves」 등 다른 곡도 연주를 시도했는데, 내담자에게 내재된 음악 기억이 마비된 손을 움직이도록 촉매제 역할을 한 사례라 할 수 있다.

이 내담자의 경우 우선 건반이 주는 시각적인 레이아웃이 누르고 싶은 자극을 주었고, 건반을 눌렀을 때 나는 청각적이고 음악적인 피드백이 움직임을 정교하게 만들고, 강화시킨 것이다. 더군다나 어렸을 때 피아노를 쳤던 잠재된 기억이 특정한 멜로디를 완성하는 것을 초월해 마비된 몸까지 움직이게 하는 힘이 된 것이다.

음악 기억의 사례로 어렸을 때 이중언어에 노출된 경우가 있다. 어린 시절 외국에 살다가 고국으로 돌아와서 오랜 시간이 지나면 이전에 배웠던 외국어를 잊어버린다. 그런데 신기한 것은 어릴 때 그 나라에서 들었던 노래는 쉽게 흥얼거리며, 가사도 따라부를 수 있다는 것이다. 잠재된 음악 기억이 언어에 대한 기억도 되살리는 것이다. 치매로 인지 기능이 감퇴하고 기억이 소실된 경우에도, 음악을 통해 기억의 회상이 가능해지는 사례가 학술 문헌을 통해서 입증되고 있다. 음악 자극은 뇌와 척수로 구성된 중추신경계에 작용해 인간의 정신 상태를 변화시킬 수 있다. 잠재된 음악 기억은 감정뿐만 아니라 인지와 언어, 신체 움직임과 행동에까지 전반적으로 영향을 끼친다.

이제 본격적으로 고전음악을 통한 음악의 힘에 대해 이야기할 것인데, 여기에는 이러한 경험이 기반이 됐다. 이 책에서 소개하는 음악과 감상에 도움을 주는 가이드를 통해 음악의 힘을 발견하고, 자신만의 음악 여정을 시작하기를 기대한다.

이 책의 활용법

1. 본문은 음악에 대한 소개 및 음아감상을 통해 언을 수 있는 이점에 관한 해설로 이루어져 있다.

2. 「그림과 힘께 듣는 음악」은 QR 코드를 통헤 음악을 들으며, 그림을 함께 감상할 것을 권한다. 연상되는 심상(image)에 도움을 주는 간단한 제시문을 함께 수록했다.

3. 「같이 들으면 좋은 음악」에서는 본문의 곡과 함께 들으면 좋은 악곡을 간단한 해설을 덧붙여 제시했다.

4. 「10분 힐링 음악감상」은 제시된 지문을 따라 음악을 감상하기를 권한다.

'사랑'이라는 챕터를 열기에 가장 적절한 테마는 첫사랑일 것이다. 학창 시절에 선생님께 첫사랑 이야기를 들려달라고 조른 경험은 누구나 있을 테니 말이다. 물론 사랑에는 남녀 간의 사랑뿐만 아니라 가족애, 동료애, 인류애 등 다양한 층위가 있다. 사람들의 마음을 사로잡는 것은 주로 연애의 감정이지만, 모든 사랑은 다 특별하며 거기에는 기쁨과 행복이 있다. 비틀스의 노래 제목처럼 정말 당신에게 필요한 모든 것은 사랑(All You Need is Love)일지도 모른다.

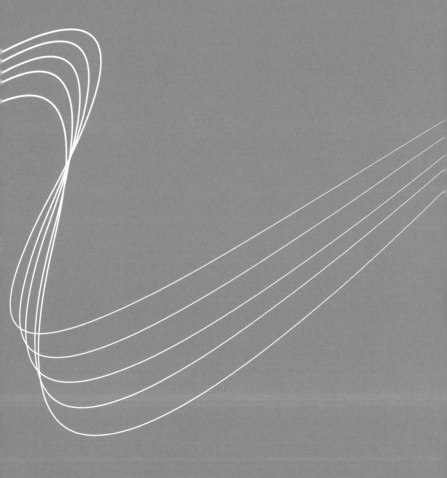

1부_ 사랑 *love*

All
You Need
is Love

음악과 기분, 정서/선율

음악은 우리에게 기쁨, 행복, 낭만을
불러일으키는 힘이 있다.

잊을 수 없는
첫사랑의 추억

엘가 「사랑의 인사」

여주인공이 눈 덮인 산을 향해 "오겐키데스카?"를 애절하게 외치는 상면으로 유명한 영화 「러브레터」가 선풍적인 인기를 끌었던 이유는 풋풋한 첫사랑의 감정을 일깨우기 때문이다. 누구나 첫사랑은 잊을 수 없는 추억이지 않을까?

그 설레는 첫사랑과 같은 곡이 바로 엘가Edward Elgar의 「사랑의 인사Salut D'Amour」다. 엘가가 약혼녀 캐롤라인을 위해 작곡한 사랑의 헌사와도 같은 곡인데, 엘가의 곡 중 가장 선호도가 높은 작품이기도 하다.

신분과 학력, 거기다 경제적인 콤플렉스까지 안은 채 무명 작곡가로 살아가던 엘가는 1886년 그의 나이 스물아홉 살에 피아노 레슨을 받으러 온 아홉 살 연상의 캐롤라인을 만났다. 고단한 삶에 의기소침해 있던 엘가에게 반한 캐롤라인은 명문가의 딸로 수준 높은 교육을 받은 엘리트였다. 이토록 다른 두 사람이었지만 이내 사랑에 빠졌고, 미래를 약속하게 됐다.

연인의 조력으로 엘가는 자신감을 회복하고 작곡가로서 제2의 인생을 살게 됐다. 하지만 딸에게 분노한 아버지는 상속권까지 박탈하겠다며 두 사람의 만남을 극렬히 반대했다. 그럼에도 불구하고 1888년 둘만의 약혼식을 가졌고 엘가는 연인을 향한 사랑과 고마움, 미안함을 표현하며 이 곡을 헌사했다. 한편, 이 곡을 받은 캐롤라인은 「바람 부는 새벽」이라는 시를 지어 화답했다. 결국 두 사람은 1889년 결혼했다.

이 곡은 저음부의 리듬 패턴이 설렘과 긴장을 유도하며 시작된다. 이어서 우아하고 소박한 주선율이 사랑스럽게 나타난다.

극적으로 긴장이 고조되는 듯하다가 해소되고, 곡의 클라이맥스에서는 곡이 시작할 때의 멜로디와 리듬으로 돌아와 따뜻한 분위기를 되찾으며 끝을 맺는다. 이 곡을 들으며 사랑의 기억을 되새겨보자. 처음으로 인사를 나누며 느꼈던 설렘을 되찾을지도 모른다.

사랑은 음악을 치유의 소재로 삼는 음악치료사뿐만 아니라, 작곡가나 작사자가 관심을 가지는 주제 중 부동의 1위다. 사랑의 기쁨과 아픔, 갈등과 화해, 이별과 새로운 시작 등 모든 것이 음악의 주제로 적합하기 때문이다. 남녀노소를 가리지 않고 위기에 빠졌을 때 사랑이 유일한 해답인 경우가 많다. 하지만 아무리 뜨거운 사랑도 무뎌지거나 미움으로 변할 수 있다. 그럴 때면 사랑의 인사를 나눴던 첫 만남으로 돌아가 보자.

조지 킬번 「다음 춤」

그림과 함께 듣는 음악

· 엘가 「사랑의 인사 *Salut D'Amour* 」

· 형태: 바이올린 독주곡

· 제시문: 이 곡의 시작은 무도회에서 만나 수줍게 인사를 건
네는 청춘을 떠올리게 만든다. 아마도 두 사람은 리듬에 맞
춰 춤을 추는 동안 서로를 향한 강렬한 심장 소리를 들었
으리라. 이제 곡이 끝나면 다음 춤이 시작되기까지 두 사람
은 나란히 앉아 이야기를 나눌 것이다. 어떤 말부터 시작할
까? 우리도 한번 생각해보자.

같이 들으면 좋은 음악

마치 시리즈처럼 동시에 떠오르는 곡이 있다. 바로 크라이슬
러 Fritz Kreisler 의 「사랑의 기쁨 Liebesfreud 」이다. 「사랑의 인사」와
「사랑의 기쁨」을 나란히 들으면 마치 후속곡저럼 느껴질 성도
다. 두 작품 모두 우리를 아련한 사랑의 추억으로 안내한다. 그
추억에서 헤어나올 때면 주변을 둘러보자. 당신을 사랑하고 또
당신이 사랑하는 사람이 보일 것이다.

오래 보아야
사랑스럽다

파헬벨 「카논」

톨스토이_{Leo Tolstoy}의 『사람은 무엇으로 사는가』는 천사 미하일이 '사람의 마음속에는 무엇이 있는가?' '사람에게 주어지지 않은 것은 무엇인가?' '사람은 무엇으로 사는가?'에 대한 해답을 찾아가는 이야기다. 특히 책의 제목이기도 한 마지막 질문에 대한 답이 바로 '사랑'이다. 문학의 고전에서 중요하게 다루는 '사랑'이라는 테마를 음악의 '고전'에서도 향유해보자.

　조지 윈스턴George Winston의 연주로 클래식뿐만 아니라 대중음악에도 유명해진 바로크음악이 있다. 대중가요에도 여러 번 샘플링될 정도로 친숙한 이 곡은 바로 파헬벨Johann Pachelbel의 「카논Canon D Major」이다. 베토벤의 「엘리제를 위하여」나 바흐의 「G선상의 아리아」처럼 멜로디가 익숙한 곡이지만, 정작 파헬벨이 누구인지는 잘 모르는 경우가 많다.

　파헬벨은 바로크 시대 독일 작곡가이자 오르가니스트다. 「카논」은 원래 「카논과 지그 D장조」라는 제목으로 세 대의 바이올린과 통주저음을 위해 작곡된 곡이라, 같은 조의 춤곡 '지그gigue'가 딸려 있었다. 「카논」은 '규칙', '표준'을 뜻하는 그리스어에서 나온 말로 '고전'이라는 의미다. 이 곡은 엄격한 모방 형식을 갖춘 대위법으로 작곡돼 있으며 돌림노래 형식이다. 일정한 음형을 같은 성부에서 같은 음높이로 되풀이하는 주법을 오스티나토ostinato라고 하는데, 이 작품에서는 저성부에서 일정한 음형을 반복하면서 상성부에서는 다양한 변주가 펼친다. 음악에서 규칙적인 반복은 예측 가능성을 주기 때문에 안도감을 주며 주제와 변주곡이 지닌 음악적 형식은 듣는 이의 심리를 안정시키는 힘이 있다.

나태주 시인의 「풀꽃」이라는 시처럼 오래 보아야 사랑스러운 것이 있기 마련이다. 이 작품이 그렇지 않을까? 우리의 음식 문화는 발효가 중요하기 때문에 묵은 것에 대한 경외심이 있다. 오래 묵혀서 좋고 아무리 반복해도 지겹지 않다면, 그것이 바로 사랑일 것이다. 보고 또 보고 싶고, 오래 보아야 사랑스러운 것 중 하나가 고전음악인 것 같다. 오랜 세월의 힘이 담겨 있기 때문에 우리 마음을 달래는 힘이 있는 것이리라. 고전음악과 사랑에 빠져보길 권한다.

 그림과 함께 듣는 음악

· 파헬벨 「카논 *Canon D Major*」

· 형태: 실내악곡

· 제시문: 푸른 하늘에 바람이 부는 대로 구름이 하나둘 모여와 층층이 쌓인다. 솜털 같기도 하고 때론 동물 모양으로 보이기도 한다. 쌓여가는 구름처럼 생각을 차곡차곡 정리해보자. 변화무쌍한 화성의 흐름도 종지coda를 향해가면서 하모니를 이루듯 실타래처럼 엉켜 있던 근심이 차츰 정리되는 것을 느낄 것이다.

얀 반 호이엔 「도르드레흐트 풍경」

바흐Johann Sebastian Bach의「미뉴에트Minuet」를 추천한다. 원곡도 유명하지만 가사를 붙여 팝 음악으로 편곡한「러버스 콘체르토Lover's Concerto」로 더 익숙한 작품이다. 영화「접속」에서 우여곡절 끝에 두 명의 주인공이 만나는 장면에서 흘러나오는데 첫 만남의 설렘을 잘 표현해준다. 바로크 시대의 작품이라 유사한 듯하면서도, 진중함과 발랄함이 가지는 대비 때문에 함께 들으면 색다른 기분을 느낄 수 있다.

사랑에 빠진 이에게
들리는 봄노래

슈트라우스 2세 「봄의 소리」

들기만 해도 싱그러운 봄의 풍경과 함께 행복에 겨운 기분을 느낄 수 있는 작품이 있다. 바로 슈트라우스 2세Johann Strauss II 의 「봄의 소리Frühlingsstimmen」다. 워낙 다양한 매체에서 활용되다 보니 우리에게도 익숙한 멜로디이며 왈츠의 왕이라고 불리는 슈트라우스 2세의 대표적인 작품 중 하나다.

슈트라우스 2세는 춤을 위해서가 아닌 음악을 위한 춤곡을 본격적으로 작곡하며 왈츠 음악을 새로운 경지로 끌어올렸다. 「봄의 소리」는 1882년 당시 빈 궁정 오페라의 소프라노인 슈바르츠를 위해 작곡한 곡이다. 본래 성악곡으로 만들어졌는데, 현대에 와서는 관현악곡으로 편곡된 음원을 들을 기회가 많다.

"오, 밤꾀꼬리의 노래. 그 행복한 소리. 아, 정말 사랑으로 빛나는 소리. 아, 그 노래가 들려오고 또 들려오네. 행복하고 아늑한, 애처로운 소리를 담은 듯한⋯. 아, 바윗돌도 달콤한 꿈을 꾸고 싶게 하는, 정말 부드러운 소리. 그리움과 또 바람, 아, 내 가슴속의 그리움과 바람이. 아, 저 노래가 날 애타게 찾는다면 별빛 반짝이는 저 먼 곳에서 날 찾는다면⋯."

가사에서 드러나듯 사랑의 기쁨을 봄에 비유해 노래하고 있는데, 작곡가의 개인사가 반영된 것이다. 작곡 당시 슈트라우스 2세는 연인 아델레와 열애 중이라 사랑의 감정이 작품에 배어 나오며 결국 두 사람은 결혼하게 된다.

관현악곡으로 편곡된 작품은 짧지만 강한 흡인력을 지닌 도입부로 시작된다. 이어서 바이올린에 의해 주선율이 제시되고,

비올라와 첼로가 왈츠 특유의 3박자 리듬을 견지한다. 3박으로 이루어진 왈츠 리듬은 첫 박에 악센트가 있고 뒤따르는 두 개의 박은 약한 세기로 연주된다. 이러한 리드미컬한 패턴은 음악에 맞춘 신체의 움직임을 유도해, 감각 운동 활성화에 기여할 수 있다. 마침내 왈츠의 주선율이 재현부를 거쳐 종지부에 이를 때는 왈츠의 3박이 주는 경쾌함에 고조된 행복한 기분을 느낄 수 있다. 아마도 이 작품이 사랑에 빠진 연인에게 들리는 봄의 소리이기에 그런 행복을 느낄 수 있는 듯싶다.

 그림과 함께 듣는 음악

· **슈트라우스 2세 「봄의 소리** *Frühlingsstimmen*」

· **형태: 성악곡/기악곡**

· **제시문**: 이 곡의 시작은 새의 노랫소리와 꽃잎이 바람에 흩날리는 풍경을 떠올리게 만든다. 왈츠의 3박자 리듬은 마음을 천천히 요동치게 하며, 음악에 의한 신체의 동조화entrainment를 가능하게 한다. 음악이 이끄는 흥겨움과 함께 즐거운 기억 속으로 들어가 보자.

게오르그 마코 「봄의 아침」

멘델스존Felix Mendelssohn의 「무언가Lieder Ohne Worte」 중 「달콤
한 추억」으로 알려진 1번을 추천한다. '무언가無言歌'는 가사 없
이 악기로 노래하는 가곡이다. 노래 가사 없이 메시지를 전달
하려면 풍부한 선율과 화성이 뒷받침돼야 하는데, 멘델스존의
「무언가」는 그 매력이 잘 드러나는 작품이다. 특히 「달콤한 추
억」을 들으면, 마음이 차분히 가라앉으면서도 사랑에 빠졌던
행복한 기억을 떠올리게 될 것이다.

마왕의
손아귀에서 벗어나자

그리그 「페르귄트 모음곡—산속 마왕의 궁전에서」

아름다운 사랑 이야기만 들을 수 있으면 좋겠지만 현실은 그렇게 녹록지 않다. 고전음악의 레퍼토리 중에서 그 내용을 알고 보면 막장 드라마 수준의 줄거리도 심심치 않게 있다. 상쾌한 아침을 연상시키는 「아침의 기분Morning Mood」과 눈물을 쏙 빼게 만드는 「솔베이지의 노래Solveig's Lied」가 들어 있는 「페르귄트 모음곡 Peer Gynt Suite」의 주인공 페르의 삶은 여느 빌런에게도 뒤지지 않는 모습이다.

페르는 사랑하는 연인인 솔베이지를 고향에 남겨둔 채 새로운 사랑과 모험을 찾아 세상을 떠돌아다니다가 늙어서 죽음이 가까워지자 고향으로 돌아온다. 페르 같은 망나니가 결국 지고지순한 연인의 품에서 죽는 모습을 보고 오롯이 감동만 할 수는 없다. 막장 드라마에 분노하다가도 펑펑 울고 나면 스트레스가 풀리듯 이 작품을 곱씹으면 결국 마음에 위안을 받게 된다.

「페르귄트 모음곡」은 작품의 배경부터 이야기와 닮았다. 그리그 Edvard Grieg는 유명한 극작가 입센 Henrik Ibsen으로부터 자신의 작품을 무대에 올릴 수 있는 반주곡을 만들어달라는 제안을 받았지만 작업은 고역이었다. 완성한 작품이 마음에 들지 않아 1876년 초연에도 참석하지 않았다. 그런데 연극과 음악은 찬사를 받았고, 결국 그리그는 대표곡을 모아 24곡으로 구성된 모음곡을 만들었다.

앞서 말한 두 곡이 가장 유명하지만, 여기에서는 「산속 마왕의 궁전에서 In the Hall of the Mountain King」를 소개하려고 한다. 인

생의 우여곡절이 부딪히는 갈등 상황과 닮았기 때문이다. 더군다나 중년의 독자들에게는 친숙한 만화영화 「컴퓨터 형사 가제트」의 악당 테마로 익숙하기에 "아" 하는 탄식을 내뱉을 수도 있다.

나단조의 음산한 분위기에서 스타카토와 임시표가 빈번하게 등장하는 선율이 마치 마왕의 딸을 홀린 페르에게 격노해 그를 죽이려고 하는 요괴들이 미쳐 날뛰는 모습을 연상시킨다. 복합 트라우마를 겪는 아동에게 이 곡을 '괴물을 겁주는 리듬'으로 사용해 내재된 부정정서를 언어화하고 자기조절을 가능하게 한 사례가 있다.

우리는 이 곡이 묘사한 상황 다음에 어떤 일이 일어날지 쉽게 짐작할 수 있다. 당연히 주인공은 기지를 발휘해 마왕의 궁전에서 탈출했으리라. 우리 삶의 주인공인 우리도 위기에서 벗어날 수 있다. 이제 당당하게 탈출해보자.

장밥티스트 카미유 코로 「오르페우스와 에우리디케」

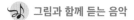 **그림과 함께 듣는 음악**

- 그리그 「페르귄트 모음곡-산속 마왕의 궁전에서 *In the Hall of the Mountain King from Peer Gynt Suite*」

- **형태: 관현악곡**

- **제시문:** 대부분의 갈등은 사소한 것에서 시작한다. 음악의 주제가 작은 셈여림으로 시작하면서 반복되다가 결국 휘몰아치듯, 우리 인생의 위기도 시간이 지날수록 커질 수 있다. 부정적인 감정을 외면하려고만 하지 말고 해소할 방법을 적극적으로 찾아보자.

 같이 들으면 좋은 음악

「산속 마왕의 궁전에서」로 위기의 산을 넘었다면 이제 진정시킬 필요가 있다. 애써 다른 곡을 찾지 말고 「페르귄트 모음곡」 중 하나인 「아침의 기분」을 들어보자. 이제 잔잔한 물결처럼 마음이 가라앉는 것을 느낄 수 있을 것이다. 울적한 기분이 든다면 「솔베이지의 노래」로 우울한 마음을 어루만질 수 있을지도 모른다. 이 모음곡이 가지는 큰 매력 중 하나가 인생의 사이클을 전부 체험할 수 있다는 것이다. 마지막에는 편안한 안 식이 기다리기에 마음 편하게 음악을 따라갈 수 있다.

사랑을 완성시키는
눈물의 의미

도니체티 「사랑의 묘약-남몰래 흐르는 눈물」

　이국적인 풍경 속 어두운 창밖의 달을 바라보며 비탄에 빠진 인물이 나오는 장면을 볼 때 머릿속에 떠오르는 음악이 있다면 이 곡일 가능성이 높다. 바로 도니체티 Gaetano Donizetti의 「남몰래 흐르는 눈물 Una Furtiva Lagrima」이다. 이미 수많은 영화와 드라마에서 등장한 곡이기도 하다. 어떤 음악은 듣자마자 자연스럽게 특정한 이미지를 연상시킨다. 이러한 연유로 음악치료에서는 음악과 결부되는 이미지나 이벤트를 고려해 음악을 활용한다.

「남몰래 흐르는 눈물」은 벨칸토 오페라의 대가 도니체티의 오페라 「사랑의 묘약L'Elisir D'Amore」에 나오는 곡이다. 유쾌하게 흐르는 젊은 남녀의 사랑 이야기가 마침내 결실을 이루는 순간의 벅찬 감격을 담은 노래다. 아이러니하게도 이 곡에 나오는 바순의 서글픈 선율은 기쁘고 들뜬 분위기를 차분하게 가라앉힌다.

도니체티는 주변의 만류에도 불구하고 이 어울리지 않는 아리아를 원래대로 강행했고 초연에서는 청중들이 당혹스럽게 여길 정도로 반응이 좋지 않았다. 그러나 이제는 「사랑의 묘약」을 대표하는 레퍼토리가 됐으니 결국 도니체티가 옳았던 것이리라. 사랑은 눈물과 웃음이 함께 있어야 완성되니까.

장조와 단조가 빠르게 교차하며 활기찬 음악과 서정적인 멜로디가 번갈아 나타나는 「사랑의 묘약」은 희극적인 요소가 가득해 청중을 즐겁게 하는 오페라다. 장조major는 강하다는 어원에서, 단조minor는 부드럽다는 어원에서 유래하며 흔히 장조는 기쁨을, 단조는 슬픔을 표현한다는 통념이 있다. 하지만 음악에 대한 감정은 성장 환경이나 문화권에 따라 다르게 나타난다. 보편성과 개별성을 동시에 지니는 것이다.

아리아 「남몰래 흐르는 눈물」은 이런 복잡한 감정을 동시에 드러내는 작품이다. 소박하면서도 우아한 선율과 절절한 표현력으로 말이다. 사랑을 완성시키는 묘약이 다름 아닌 눈물이라는, 흔하지만 부정할 수 없는 사실을 일깨우기에 무척 적절하다.

사랑하는 여인이 흘리는 눈물을 보면서 자신에 대한 진심을 깨닫게 된 주인공이 "저 눈물을 보면 알아."라며 노래하는 것이 바로 「남몰래 흘리는 눈물」이다. 때로는 눈물 한 방울이 백 마디의 말보다 강력한 순간이 있다. 더군다나 그것이 사랑하는 사이에 발생한 것이라면, 슬픔의 눈물이 기쁨으로 바뀌는 것도 불가능한 일만은 아닐 것이다. 지금 사랑을 하고 있는 당신을 응원한다.

메리 제인 필 「슬픔의 진주」

· 도니체티「사랑의 묘약-남몰래 흐르는 눈물 *Una Furtiva Lagrima from L'Elisir D'Amore*」

· 형태: 성악곡

· 제시문: 애절한 남성의 목소리를 들으면 저절로 눈가에 눈물이 고인다. 연인에 관한 것이든, 가족에 관한 것이든 소중했지만 함께하지 못했던 아픔 같은 것이 말이다. 슬픔에 과도하게 몰입하지 않는 선에서 자신의 추억을 되짚어 보자.

 같이 들으면 좋은 음악

사랑이라는 주제와 일맥상통하고 눈물이라는 소재가 밤이라는 배경과 어울린다는 점에서 푸치니Giacomo Puccini의 오페라「투란도트Turandot」에 나오는「공주는 잠 못 이루고Nessun Dorma」를 추천한다. 원래 이 곡의 제목은「아무도 잠들지 마라」지만 지금의 제목으로 널리 알려져 있다. 잠 못 이루는 밤에 사랑하는 사람을 그리며 눈물을 흘리는 장면을 떠올리면 두 곡을 자연스럽게 들을 수 있다. 물론 「사랑의 묘약」과 「투란도트」는 희극과 비극이라는 차이만큼 다른 성향을 지닌 작품이지만, 결국 사랑이라는 점에서는 일치한다.

고난을 뛰어넘은
사랑

우리의 『춘향전』이나 셰익스피어의 『로미오와 줄리엣』처럼 고난을 뛰어넘은 사랑 이야기는 이제 흔한 클리셰다. 그럼에도 불구하고 '실화'라는 단서가 붙으면 여전히 우리의 눈길을 끈다. 클래식 음악사에서 유명한 클라라Clara Schumann와 슈만Robert Schumann의 이야기도 같은 맥락이지만 슬프고도 아름다운 실화이기 때문에, 여전히 회자되고 있다.

전도유망한 피아니스트였던 클라라에게 찾아온 축복이자 시련은 바로 아버지의 제자인 슈만이었다. 나이도 많고 그다지 주목도 받지 못하는 음악가인 슈만과의 결혼을 반대한 아버지와 법정 다툼까지 벌였고 결국 재판에 승소해 결혼에 성공했다. 슈만은 그해, '가곡의 해'라고 부를 정도로 많은 명곡을 작곡했다.

1840년 슈만은 라이프치히에서 「미르테의 꽃Myrthen」을 작곡해 결혼식 전날 신부 클라라에게 바쳤다. 괴테, 뤼케르트, 바이런, 무어, 하이네, 번즈, 모젠의 시로 엮은 가사에 각각 곡을 붙인 연가곡으로 모두 26곡이다. 이 중 첫 번째 곡이 바로 「헌정No. 1 Widmung」이다.

"당신은 나를 사랑스럽게 나의 위로 올려줍니다.
나의 선한 영혼을, 나보다 나은 나를!"

사랑의 기쁨이 담긴 이 곡을 들으면, 우리도 사랑이 수는 희열을 느낄 수 있다. 안타깝게도 슈만과 클라라의 사랑은 장밋빛으로만 가득하지는 않았지만, 그들은 어떤 고난도 뛰어넘는 사랑을 했고 그 결실로 불후의 작품을 남겼다. 지금도 사랑으로 힘겨운 사람들에게 위로의 손길을 내미는 것이다.

슈만의 「헌정」은 클라라와의 사랑이 탄생시킨 작품이다. 이 곡이 가진 매력은 작품 자체의 완성도뿐만 아니라 두 사람의 사랑이 주는 감동도 있다. 세상 풍파를 겪은 성인이라면 동화의 마지막 구절인 "그 후로 행복하게 살았습니다." 다음에 어떤 이야기가 기다릴지 쉽게 예상할 수 있다. 슈만과 클라라는 흔히 겪기 힘든 비극이 이어짐에도 불구하고 그들의 사랑을 지켰다. 음악에서 사랑의 힘을 느끼기에 이 작품보다 더 좋은 곡이 또 있을까?

 그림과 함께 듣는 음악

• 슈만 「미르테의 꽃-헌정 *No. 1 Widmung from Myrthen*」

• 형태: 성악곡

• 제시문: 사랑에 빠지면 흔히 하늘을 나는 기분이라는 표현을 쓰곤 한다. 이 곡을 듣는 동안은 아무런 걱정 없이 자유롭게 하늘을 나는 기분을 느껴보자. 지난 어려움이나 앞으로 닥칠 괴로움은 잠시 접어두고 말이다.

안더스 아스케볼트 「베르겐 풍경」

사랑에 관한 곡으로 베토벤Ludwig van Beethoven의 「엘리제를 위하여Baratelle in A Minor, Für Elise」를 추천한다. 피아노를 배운 사람이라면 누구나 쳐봤을 곡이고, 수업의 시작을 알리는 시그널처럼 일상생활에서도 다양하게 활용되는 곡이다. 익숙한 곡이지만 정작 이 곡을 처음부터 끝까지 제대로 감상해본 사람은 얼마나 될까? 두 눈을 감고 집중해서 들으면 사랑의 설렘부터 격정까지 모두 느낄 수 있는 작품이다. 짧은 소품이지만 깊은 감동을 준다는 점에서 진지하게 찾아 듣기를 권한다.

민족을
치유하는 노래

남북 관계가 원만해 국제대회에 남북이 단일팀으로 출전할 때는 깃발은 한반도기를 사용하고 음악은 「아리랑」을 사용하는 게 통상적이다. 아리랑은 해외 동포들이 고국을 그릴 때도 많이 연주되는 곡이며, 우리 민족을 상징하는 노래라 유네스코 인류무형유산에도 등재됐다. 원래 떠난 임을 그리는 노래지만 남녀 간의 사랑을 넘어 가족, 민족 등 보편적인 사랑으로 확대될 수 있는 작품이다.

이 책을 쓰는 동안 우리나라 클래식 애호가로서 자부심을 가질 만한 소식을 들었다. 2022년 6월 60주년을 맞는 반 클라이번 국제 콩쿠르Van Cliburn International Piano Competition에서 피아니스트 임윤찬이 우승을 했다. '시인' 조성진과 대비되는 '록스타' 임윤찬은 청중의 마음을 사로잡아 음악에 몰입하게 만드는 힘이 있다. 그런 열정적인 연주자가 기자회견에서 수줍은 모습으로 연주한 곡이 바로 「아리랑」이었다. 임윤찬이 '한국의 클래식'이라고 소개할 정도로 「아리랑」은 언제 어디서나 우리의 정체성 바로 그 자체다.

소프라노 조수미가 한 예능 프로그램에 출연해 자신의 유학 시절 이야기를 들려준 적이 있다. 1980년대 유학생으로 이탈리아에 입국했을 때 한국이 어디인지도 모르는 입국심사원에게 한참을 붙들려 있다가 그나마 들은 질문이 "North or south?"일 정도로 곤욕을 치렀다고 한다. 그러나 이제는 한국에서 왔다고 하면 어디서나 환영받는다고 감격스러워했다.

1990년대에 호주로 유학을 갔던 나도 어머니가 보내준 귀한 김치를 아껴서 먹고 있는데, 하숙집에서 상한 음식으로 알고

버린 경험이 있어서 무심코 흘려들을 수 없었다. 외국에 나가면 우리나라와 우리 문화가 소중하게 느껴질 수밖에 없고, 그 중심에 「아리랑」이 있다는 것을 누구나 공감할 것이다.

우리의 전통 민요가 지닌 특성에서 볼 수 있듯, 「아리랑」은 반음인 미와 시를 제외한 오음 음계로 구성된다. 단순하면서도 친숙한 곡의 특성 덕분에 음악치료에서도 활용도가 높다. 나 또한 임상에서 건반 악기를 이용한 사례가 있다.

건반 악기의 경우 한 옥타브는 일곱 개의 흰 건반과 다섯 개의 검은 건반으로 구성된다. 이 중 검은 건반은 5음계와 대응되는데, 시청각적으로 자기수용감각proprioception이 뛰어나 내담자가 따라 연주하기 쉽다. 더군다나 익숙한 민요이기 때문에 멜로디가 음악 기억을 되살리는 장점도 있다. 또한 음이 순차적으로 상행하고 하행하며 공간적 신호를 제시하고 피드백을 제공해 마비된 손 근육을 재활하는 데도 도움이 된다. 이러한 음악의 다감각적 자극은 대뇌피질의 가소성을 높이는 효과를 가져온다.

「아리랑」은 민요를 넘어 가요, 재즈, 클래식 등 다양한 버전으로 접할 수 있다. 말 그대로 한국인이라면 태어나면서부터 체득하게 되는 셈이다. 아프리카의 한 부족은 음악을 즐기고 부르고 연주하는 것이 당연해 음악이라는 단어조차 부재하다고 한다.

이와 유사하게 「아리랑」은 너무도 자연스럽게 우리 마음에 내재하고, 심금을 울리며 여전히 사랑받고 있다. 누가 뭐래도 「아리랑」은 민족을 치유하는 노래다. 인생의 고비와 같은 고개를 넘듯 험난한 우리 역사와 함께 걸어가며, 여전히 변화하고 발전하고 있으니 말이다.

 그림과 함께 듣는 음악

- **한국 민요 「아리랑」**
- **형태: 민요**
- **제시문:** 「아리랑」은 후렴에 해당하는 '여음'과 가사에 해당하는 '사설'로 이루어져 있다. 사설은 자신의 상황에 맞춰 가사를 얼마든지 바꿔 부를 수 있는 형식이다. 노래를 듣는 동안 자신의 복잡한 감정을 사설로 차근차근 풀어내보자.

김홍도 「무동」

한 민족의 애환과 정서를 다룬다는 측면에서, 유학 시절 자주 접했던 호주 음악 「왈칭 마틸다Waltzing Matilda」를 추천한다. 호주의 국민 시인 페터슨Banjo Paterson이 스코틀랜드 민요 「보니 우드 오크레이질레아Bonnie Wood O'Craigielea」에 가사를 붙인 곡으로, 한국의 「아리랑」에 비견될 정도로 호주 국민성을 상징하는 노래다. 곡에 등장하는 마틸다는 방랑하는 호주 개척자와 동행하는 괴나리봇짐을 의미하며 자유를 갈망하는 사람들에게 위안을 준다.

사랑에는 진실과 열정이 필요하다

슈만 「첼로 협주곡」

윌리엄스 「로지메더 전주곡」

◇

◇

사랑, 일, 휴식, 삶, 죽음이라는 다섯 가지 테마를 바탕으로 음악을 감상하는 데 도움이 되는 좋은 방법이 없을까 고민이 많았나. 그래서 수입을 듣는 음악치료 진공 대학원생을 대상으로 그룹 음악과 심상 세션을 주기적으로 진행했는데, 참여 자들의 동의를 얻어 그들의 감상을 공유하고자 한다.

플라톤이 "음악과 리듬은 영혼의 가장 심층까지 파고든다."

라고 말한 것처럼, 음악은 심상 경험을 담는 '그릇'으로 비유된다. 음악심상치료Guided Imagery and Music를 창안한 헬렌 보니 박사Helen Bonny는 우리의 정서 경험을 안전하게 담아주는 도구로 음악의 역할을 제시했는데, 음악감상과 심상이라는 새로운 방식을 통해 자신의 내밀한 세계를 탐구해보길 바란다.

'저자의 말'에서 강조했듯 음악치료에서 치료사의 중재는 필수적인 요소다. 따라서 음악치료사가 아닌 비전문가가 여기에서 소개하는 음악과 그에 대한 감상을 원용해 치료 목적으로 사용하는 것은 부적절하다. 이 책을 읽는 독자분들이 다른 사람의 감상을 참고하며 좀 더 깊이 있는 자기 탐색의 시간을 가질 수 있기를 기대한다.

[10분 힐링 음악감상]은 다음에 제시된 절차에 따라 가치 카드를 고르고, 심신이 이완된 상태에서 음악에 집중해 악곡을 순차적으로 감상한 후, 그에 따른 느낌을 정리해보는 과정이다.

지금부터 '사랑'이라는 주제로 음악감상을 시작해보자.

1. 가치 카드 고르기

열 개의 가치 카드 중 하나를 골라보자.

모험*Adventure*	용기*Courage*	창조성*Creativity*
유머*Humour*	사랑*Love*	개방성*Openness*
교육*Education*	목적*Purpose*	이해*Understanding*
의지*Willingness*		

2. 이완

최대한 음악에 집중할 수 있는 환경을 만들고 심호흡과 스트레칭으로 긴장을 풀자.

3. 음악 듣기

다음에 제시된 두 곡을 연속으로 듣는다.

「첼로 협주곡 *5 Stücke im Volkston*」

화려한 기교를 부리지 않는 잔잔한 첼로 선율이 포근하게 안아주는 느낌이다. 슈만 특유의 시적이고 상상력 넘치는 분위기를 자아낸다. 느린 템포로 낮고 부드럽게 진행되는 음악 속에서 안정감을 느끼며, 자유롭게 떠오르는 심상에 초점을 맞춰보자.

「로지메더 전주곡 *Organ Prelude on Rhosymedre*」

음악치료사들이 스트레스와 관련된 심리적 이슈를 가진 내담자나 음악 기반의 마음챙김 프로그램을 고안할 때 레퍼토리로 많이 활용하는 악곡이다. 파이프 오르간 고유의 경건한 분위기가 마음을 정돈해준다. 레가토legato로 순차 진행하며, 상승과 하강을 반복하는 중후한 선율에 귀를 기울여보자. 천천히 부드럽게 곡이 흐르는 가운데 몸의 균형감을 유지할 수 있도록 음악에 몸을 맡겨보자.

4. 감상 정리하기

모험ㆍㆍ'모험'을 선택한 한 참여자는 음악을 들으면서 뻣뻣하던 어깨와 목 근육이 풀리고 피로가 가시는 것 같았고, 기대와 설렘을 경험했다. 첫 번째 음악에서는 어린 시절 즐거웠던 장면이 차례로 지나갔으며, 사랑받고 있다는 느낌과 거칠 것 없이 편하고 자유로운 마음이 들었다. 두 번째 음악에서는 발끝에서부터 몸이 연둣빛으로 채워지는 듯했고, 조용히 흐르는 강물의 정경 속에 자신이 있다고 느꼈다.

용기ㆍㆍ다른 참여자는 학창 시절부터 스트레스와 불안으로 편두통을 앓고 있었고 그런 자신의 과거를 토닥여주고 싶어서 '용기'를 선택했다. 첫 번째 음악에서는 첼로의 선율이 잔잔하게 심금을 울렸는데, 전반부에는 청소년기의 격동을 연상했고 후반부로 진행될수록 그것을 품어내며 안정감을 느꼈다. 두 번째 음악에서는 민들레 홀씨 같은 민트색 형상을 떠올렸고, 신에게 수없이 길을 묻는 신도의 모습을 연상했다.

5. 강평

음악은 우리의 마음과 영혼을 밀고 당기는 마력이 있다. 참여자들은 '강물'이라는 심상을 떠올렸는데, 이를 통해 자연스럽게 시간의 흐름을 연상하는 듯 보였다. 특히 두 곡을 연달아 들으면서 음악이 이끄는 감정 변화를 통해 내면을 탐색했는데, 음악이 불러일으키는 자기성찰의 힘을 느낄 수 있는 시간이었다.

이번 챕터의 주제인 '일'과 관련해 "당신이 흘린 땀은 배신하지 않는다."는 말은 진부하게 느껴진다. 때로는 평범한 것이 정답일 때가 있다. 특히 일은 성실이 없다면 결실을 얻기 힘든 영역이기에 더욱 그러하다. 오늘도 상사의 눈치를 보며 퇴근 시간만 기다리는 직장인들과 수업이 끝나기만을 기다리는 학생들, 끊임없는 육아와 집안일에서 벗어나길 원하는 주부들에게 한마디 위로 아닌 위로를 건넨다. 갈등을 넘어야 성취가 있다. 심지어 자유로운 영혼이어야 할 것 같은 음악에서조차 말이다.

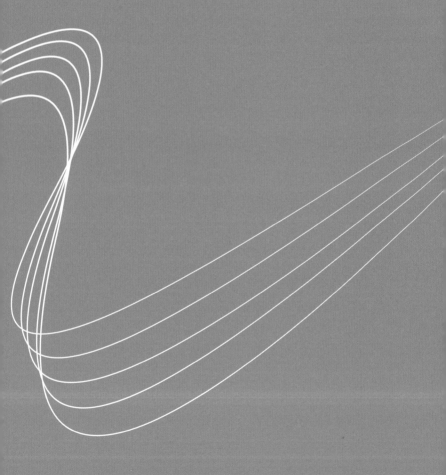

당신이
흘린 땀은
배신하지
않는다

음악과 활력, 신체 움직임/템포
음악은 우리로 하여금
에너지를 불러일으킨다.

도시의 하루는
우울하다

한때 '차도남'이라는 말이 유행한 적이 있다. 일할 때는 냉 성하시만 사랑하는 여인에게는 따뜻한 캐릭터로 드라마와 영 화에 자주 등장했다. 요즘도 각종 매체에서 비슷한 이미지를 볼 수 있으니, 역시 도시는 차갑고 우울한 감정과 잘 어울리기 마련이다.

이런 감정을 색깔로 표현하면 아마도 파란색일 텐데, 음악 중에서도 도시 감성이 물씬 나는 작품이 있다. 바로 거슈윈George Gershwin의 「랩소디 인 블루Rhapsody in Blue」다. 이 작품의 대중성은 변진섭의 「희망사항」에 멜로디가 차용됐고, 일본 드라마 「노다메 칸타빌레」에 사용된 것으로 방증된다.

이 곡은 20세기 미국 음악의 새로운 장을 열어준 작품으로 재즈와 클래식이 접목된 이른바 심포닉 재즈의 효시가 된다. 1924년 거슈윈이 두 대의 피아노를 위한 곡으로 작곡한 것을 그로페Ferde Grofé가 편곡해 피아노와 오케스트라를 위한 협주곡으로 완성했다.

「랩소디 인 블루」는 1924년 2월 화이트먼Paul Whiteman과 오케스트라의 연주로 '현대음악의 실험'이란 제목으로 초연됐다. 콘서트에 '실험'이라는 제목을 붙인 이유는 "대중이 클래식 음악을 쉽게 이해하고 교향곡과 오페라를 즐길 수 있는 초석을 마련"하기 위한 것이다. 본고장인 서양에서조차 클래식 음악은 고상한 상류층의 전유물이라는 선입견이 아직도 남아 있다. 특정한 사람들만이 즐기는 '그들만의 리그'인 셈이다. 따라서 클래식 음악 대중화를 시도한 이 곡은 고전음악을 통한 음악의 힘을 알아보는 이 책의 주제와 일맥상통한 측면이 있다.

곡 시작 부분에서 클라리넷이 최저 음역에서 점점 상승해 고음에 이르는 것이 마치 사이렌 소리를 연상시키는데, 도시의 밤을 날카롭게 깨우는 소리 같아 처음부터 곡에 몰입할 수밖에 없다. 작품 전체를 관통하는 주제이자 곡이 가진 달콤한 대중성과 현대적인 감각을 대변하는 주제가 제시되고, 오케스트라와 피아노, 관악기와 타악기가 교묘하게 리듬을 변화시키면서 재기발랄하고 패기 넘치는 재즈풍의 사운드가 이어진다.

도시의 하루를 가장 극명하게 상징하는 장면은 퇴근길일 것이다. 저마다 하루 동안의 삶에 지쳐 몸을 기댄 채 무기력하게 집으로 향하는 모습 말이다. 그 얼굴 위로 스치는 도시의 화려한 불빛은 오히려 우울한 감정을 사아낸다. 하지만 이릴 때 우리 귀에 들리는 음악 한 소절이 피곤을 날리고 기분을 바꿔줄 수도 있다.

지친 당신에게 음악이 따뜻한 위로가 되기를 기대한다.

- **거슈윈 「랩소디 인 블루**_Rhapsody in Blue_**」**

- **형태: 관현악곡**

- **제시문:** 원래 「아메리칸 랩소디」라는 제목을 붙이려다가 지금의 「랩소디 인 블루」로 바뀌게 된 이 곡을 들으면 자연스럽게 도시의 풍광이 떠오른다. 푸른빛이 감도는 뉴욕의 거리를 담은 그림과 함께 음악을 감상해보자. 당신의 마음속에 떠오르는 도시의 모습은 우울한가, 아니면 차갑지만 따뜻한 온기가 있는가?

🎵 같이 들으면 좋은 음악

일상의 안정을 깨는 도시의 소음을 떠올리게 만드는 음악이 있다. 바로 바그너Richard Wagner의 「발퀴레의 기행Walkuerenritt」이다. 흥미진진하고 박진감 넘치는 이 작품은 영화 「지옥의 묵시록Apocalypse Now」에서 헬기 폭격 장면에 사용돼 폭력과 대비되는 아름다운 음악이 지닌 아이러니함을 극대화했다. 어쩌면 우리의 삶에 침투하는 각종 소음과 스트레스가 결국 아름다운

차일드 하삼 「5번가」

삶을 이루는 까슬까슬한 편린일지도 모르겠다. 이 웅장한 음악처럼 이 책을 읽는 독자분들도 오늘 하루 승리하리라 믿는다.

나는 이제 더 이상
당신의 종이 아닙니다

베르디 「나부코-히브리 노예들의 합창」

최근 화제가 된 동영상이 하나 있다. 놀이공원에서 근무하는 안내자가 안내 멘트를 랩처럼 하면서도, 눈빛은 생기가 없어 '소울리스'로 유명해진 것이다. 근면과 성실을 교훈으로 삼은 시절을 보낸 나에게는 낯선 풍경이다. 그런데 당사자가 일을 대충 하는 것이 아니라 할 일은 다 하면서 효율적으로 몰입하는 것이라고 인터뷰한 것을 보고 은근히 깨닫는 바가 있었다. 일의 주인이 돼야지 노예가 될 필요가 없다는 것이다. 특히 워커홀릭이 많은 우리나라에서는 말이다.

19세기의 위대한 이탈리아 작곡가 베르디Giuseppe Verdi는 첫 번째 오페라 「산 보니파치오의 백작, 오베르토Oberto, Conte di San Bonifacio」로 미미한 성공이나마 거두었던 데 비해, 다음 오페라 「하루 만의 임금님Un Giorno di Regno」으로 엄청난 실패를 맛보았다. 게다가 아내와 두 아이가 잇달아 죽는 비극까지 겪자 베르디는 더는 작곡을 하지 않겠다고 맹세했다. 하지만 라 스칼라의 감독이 건네준 「나부코Nabucco」의 대본 중 「히브리 노예들의 합창Va, Pensiero, Sull'ali Dorate」의 가사가 베르디의 눈길을 사로잡았고 다시 작곡을 시작하게 됐다.

「나부코」로 베르디는 엄청난 성공을 거두었다. 특히 「히브리 노예들의 합창」은 언제나 앙코르 요청을 받았으며 이탈리아의 비공식적인 국가로 여겨졌는데, 당시 외세로 분열돼 통일을 갈망하던 이탈리아인의 마음을 사로잡았기 때문이다. 마침내 베르디는 다양한 작품을 통해 음악으로 이탈리아 통일에 기여하게 된다.

「히브리 노예들의 합창」으로 유명하지만, 원래 곡명은 「날아라, 내 마음아 황금 날개를 타고」다. 유대인들이 유프라테스강 가에서 노역에 시달리며 잃어버린 조국에 대한 그리움을 노래한 곡인데, 자신의 처지를 비관만 하는 게 아니라 결국 벗어날 것임을 강하게 믿고 있다. 가슴이 답답한 사람이라면 이 노래를 통해 해방감을 느껴보자.

먹고사니즘이라는 신조어도, 카드값 고지서가 가장 확실한 사표 방지책이라는 농담도 우리 삶의 고단함을 잘 드러내지만, 그렇다고 우리가 일에 얽매일 필요는 없다. 자신을 억누르는 모든 것을 향해 소리쳐보자. "나는 이제 더 이상 당신의 종이 아닙니다!" 당장은 뚜렷한 변화가 없어 보일지라도 두려움이 사라지고, 힘을 북돋우는 곡을 통해 자유와 해방이 기다린다는 희망이 좀 더 단단해질 것이다.

 그림과 함께 듣는 음악

- 「**나부코-히브리 노예들의 합창** *Va, Pensiero, Sull'ali Dorate from Nabucco*」

- **형태: 성악곡**

- **제시문:** 부드러운 바람이 부는 듯한 느낌의 멜로디를 들으

토머스 콜 「웨일즈의 강」

며 노을이 지는 강변을 떠올려보자. 하루의 일과를 마치고 집으로 돌아갈 준비를 하는 모습을 그려봐도 좋다. 오늘 하루는 어떠했는지는 오로지 당신의 몫이다. 음악을 통해 하루를 정리하는 시간을 갖기를 권한다.

 같이 들으면 좋은 음악

합창곡으로 유명한 베버Karl Maria von Weber의 「마탄의 사수Der Freischütz」 중 「사냥꾼의 합창Chor Der Jäger」을 추천한다. 「히브리 노예들의 합창」과는 달리 사냥의 즐거움을 호쾌하고 박력 있게 그려낸 곡이다. 힘들고 지친 일상을 차분하고 은은한 곡으로 달래는 시간을 가졌다면, 새롭게 시작되는 하루를 신나고 경쾌한 음악과 함께하는 것도 도움이 될 것이다. "요, 호! 트랄랄랄라!"를 외칠 만큼 유쾌한 날이 되길 기대하며 말이다.

우리는 왜 라흐마니노프를
사랑하는 것일까?

라흐마니노프 「피아노협주곡 2번」

라디오 프로그램 「생생클래식」에서 2021년 연말 특집으로 '2021 우리가 사랑한 클래식' 100위를 다루었는데, 그 내용 중 인상 깊은 것이 있었다. 1980년대부터 시작된 총 다섯 차례의 설문 조사에서 부동의 1위는 베토벤이었는데 그 자리를 딱 한 번 빼앗은 사람이 바로 라흐마니노프Sergei Rakhmaninov였다. 나에게 피아노는 전공 악기라 라흐마니노프가 친숙하지만, 베토벤, 모차르트, 차이콥스키와 같이 누구나 알 만한 작곡자와는 다소 거리가 있는 라흐마니노프가 왜 이렇게 인기가 많은지 궁금해졌다.

물론 이번에도 1위는 베토벤의 「피아노협주곡 5번 황제Piano Concerto No. 5 in E-flat Major, Emperor」이고 라흐마니노프는 「피아노협주곡 2번Piano Concerto No. 2 in C Minor」으로 4위에 그치기는 했지만 그 호응은 여전하다. 음악치료에서 치료사가 선곡을 할 때 내담자의 악곡에 대한 선호도는 중요하게 다루어지는 요소다. 피아노를 치는 사람들에게는 어렵기로 악명 높은 라흐마니노프의 곡이 누구나 주제 선율을 흥얼거릴 수 있는 곡 사이에 있는 것을 보니, 일에 관한 음악으로 라흐마니노프가 적당하겠다는 생각이 들었다. 그가 창작을 중단할 수밖에 없었다가 다시 시작한 일화가 떠올랐기 때문이다.

라흐마니노프는 러시아의 대표적인 피아니스트이자 작곡가로 세 개의 피아노협주곡과 피아노와 관현악을 위한 「파가니니의 주제에 의한 광시곡Rhapsody on a Theme of Paganini」이 특히 유명하다. 앞서 난해하다고 말한 피아노협주곡이 많은 이들의 사랑을 받게 된 데는 그의 개인사가 무관치 않은 것 같다. 라흐마니노프는 1897년 상트페테르부르크에서 초연된 「교향곡 1번 Symphony No. 1」에 대한 반응이 좋지 않아 신경쇠약이 심해졌다. 그를 치료했던 정신과 의사 니콜라이 달Nikolai Dahl 박사는 환자에게 긍정적인 말을 반복하라고 처방했다. "나는 새로운 협주곡을 쓴다. 그 협주곡은 성공을 거둔다."라고 읊조리는 방식이었다. 그 결과 「피아노협주곡 2번」으로 글린카상을 받음으로써 재기에 성공할 수 있었다.

라흐마니노프가 심리적 방황을 극복한 과정이 직간접적으로 음악에 반영돼 있어서 이 음악을 듣는 사람들에게 감동과 공감을 일으키는 것이 아닐까? 작곡자 특유의 우울한 감정과 러시아가 연상되는 차가운 심상이 자연스레 떠오르기에 역설적으로 듣는 사람에게 위로가 되는 곡이다. 특히 직장, 학교 등 업무와 관련된 우울증에 시달리는 현대인에게 말이다.

「피아노협주곡 2번」은 라흐마니노프 생애의 단면이 짙게 투영돼 있다. 작곡가가 경력 초기에 겪었던 좌절, 그로 인한 실의와 고뇌, 그것을 극복하기 위한 분투의 과정을 고스란히 반영하고 있다. 그리고 역경을 딛고 다시 일어나 환희를 향해 나아가는 느낌을 준다. 음악은 홀로 남겨진 듯한 시간과 공간을 채워주는 연결고리이자, 누군가와 소통하고 있음을 느끼게 하기 때문이다.

라흐마니노프 「피아노협주곡 2번」은 그 난이도 덕분에 기량이 뛰어난 연주자들이 도전 의욕을 불태우는 곡이자 많은 한국인이 사랑하는 곡이다. 수많은 영화나 다큐멘터리를 통해 우리에게 익숙한 베토벤의 아성을 꾸준히 위협하는 라흐마니노프는 역경과 극복의 아이콘이 됨으로써 한 세기가 지난 지금도 마음이 아픈 사람들을 위로하고 있다.

임윤찬이 반 클라이번 국제 콩쿠르 결승에서 연주한 곡이 라흐마니노프 「피아노협주곡 3번Piano Concerto No. 3 in D Minor」이었다. 임윤찬은 우승 후 인터뷰에서 "음악은 세상에 몇 안 되는 진짜!"라고 했는데 『어린 왕자』에서 여우가 진짜 소중한 것은 눈에 보이지 않는다고 말한 대목이 연상됐다. 우리가 라흐마니노프를 사랑할 또 하나의 이유가 생긴 것 같다. 왜 우리는 라흐마니노프를 사랑하는 것일까? 모두 각자의 답을 찾기를 기대한다.

 그림과 함께 듣는 음악

· 라흐마니노프 「피아노협주곡 2번 Piano Concerto No. 2 in C Minor」

· 형태: 피아노협주곡

클로드 모네 「까치」

· **제시문**: 음악을 들으면서 마음속에 떠오르는 심상을 되새겨 보자. 어쩌면 차디찬 눈밭 속에 있는 외로운 까치 한 마리 와 같은 기분이 들지도 모른다. 힘겨울 수도 있지만 어려움 을 직면하는 시간을 가져보자.

 같이 들으면 좋은 음악

라흐마니노프의 「피아노협주곡 3번」을 추천한다. 이 작품은 영화 「샤인Shine」에서 주인공 헬프갓이 연습을 하다가 정신질 환에 걸릴 정도로 난이도가 높기로 유명하다. 임윤찬이 콩쿠르 에서 연주해 열화와 같은 성원을 받았고, 우승과 더불어 특별 상과 청중상까지 받았을 정도로 매력적인 곡이기도 하다. 클래 식을 잘 모르는 사람들조차 이 연주 영상을 보고 감동할 정도 였다. 작곡자가 자신의 한계를 넘어서고자 한 초월적 의지를 반 영한 작품으로 우리 또한 앞에 있는 모든 장애물을 넘어보자.

당신의
다큐멘터리를 찍어라

쇼스타코비치 「왈츠 2번」

미국과 중국의 패권 경쟁과 우크라이나와 러시아의 전쟁으로 인한 불안정한 세계정세를 '신냉전'이라고 부른다. 중년이라면 냉전 시기가 저절로 떠오를 수밖에 없다. 이 중 음악과 관련된 이야기를 하자면, 공산 진영 특히 구소련에서 활동하는 음악가에 대해서는 언급조차 할 수 없었던 때였다. 그러니 구소련을 대표하는 음악가인 쇼스타코비치Dmitrii Shostakovich는 대중에게 생소했다.

그런데 냉전이 끝나고 쇼스타코비치의 「왈츠 2번Waltz No. 2」이 거장 스탠리 큐브릭Stanley Kubrick의 영화 「아이즈 와이드 셧Eyes Wide Shut」에 사용되면서 전 세계적으로 관심을 받게 됐으며, 우리나라 영화 「번지 점프를 하다」에도 나올 정도였다. 하지만 이 음악이 우리나라 사람들에게 가장 강렬한 인상을 준 것은 바로 리복의 CF에 사용되면서다. 극한 상황에서 선수들이 힘겹게 운동하는 모습이 이어지다가 "그것은, 나의 다큐멘터리"라는 카피로 끝나는 광고였는데, 배경에 깔리는 「왈츠 2번」이 무척 잘 어울렸다. 당신이 흘린 땀은 결코 배신하지 않는다는 주제와 이처럼 잘 어울리는 음악이 또 있을까?

이 곡의 원제목은 「버라이어티 오케스트라를 위한 모음곡Suite for Variety Orchestra」 중 「왈츠 2번」으로, 여기에는 흥미로운 사연이 있다. 이 작품은 쇼스타코비치의 주요 악곡으로 취급되지 않아 한동안 베일에 싸여 있다가 20세기 말 인기 레퍼토리로 부상한 관현악 모음곡이다. 이 곡이 서구권에 처음 소개될 때 「재즈 오케스트라를 위한 모음곡」으로 잘못 소개되는 바람에 한동안 그 제목으로 알려졌다가 나중에 악보가 발견되면서 두 작품이 서로 다른 곡임이 밝혀졌다. 이렇듯 우여곡절 끝에 대중에게 사랑받는 레퍼토리로 거듭난 명곡이다.

군악대 음악을 연상시키는 명쾌하고 활기찬 사운드가 전반부에 흐르며, 러시아적인 우수와 낭만이 깃든 선율이 가미되면서 독특한 음악을 완성한다. 재즈의 효과를 위해 악기 편성에 알토 및 테너 색소폰이 사용되고 트라이앵글, 탬버린, 사이드 드럼, 베이스 드럼, 심벌즈, 글로켄슈필, 실로폰, 비브라폰과 같은 확장된 타악기와 더불어 기타, 하프, 첼레스타, 피아노, 아코디언, 클라리넷, 오보에, 현악기 등이 풍부하게 사용된다.

「왈츠 2번」을 들으면 다이내믹한 리듬 덕분에 일에 오롯이 집중할 수 있고, 동기를 부여하는 음악의 힘을 느낄 수 있다. 우리가 스포츠 스타나 연예인에게 열광하는 이유 중에는 그들이 보여주는 화려한 모습뿐만 아니라 그것을 꽃피우기까지 흘린 땀과 노력을 알기 때문이다. 우리의 일도 그렇다. 우리는 누구나 자신만의 다큐멘터리를 만들 만한 사연을 쌓아가고 있다. 오늘도 당신의 다큐멘터리를 찍어라.

윌리엄 존슨 「지르박」

- 쇼스타코비치 「왈츠 2번 *Waltz No. 2*」

- 형태: 관현악곡

- 제시문: 저절로 발을 들썩이게 하는 왈츠의 리듬을 따라가 보자. 밝은 멜로디에서 러시아의 우수를 느낄 수 있는 애잔함이 담겨 있다. 그러면서도 재즈풍의 도도함도 느껴진다. 곡에서 드러나는 미묘한 감정을 따라 춤을 추듯 맴돌아보자.

♪♪ 같이 들으면 좋은 음악

쇼스타코비치의 「교향곡 5번 *Symphony No. 5 in D Minor*」을 추천한다. 쇼스타코비치의 교향곡 중에서 가장 인기가 많은 곡이며, 그의 최고 걸작으로까지 칭송되는 작품이다. 서슬 퍼런 스탈린의 숙청 시기에는 잘나가던 쇼스타코비치도 그 마수를 피할 수 없었다. 절체절명의 위기까지 몰린 끝에 '당국의 정당한 비판에 대한 창조적 답변'이라는 명목으로 내놓은 작품이 바로 이 곡이다. 호구지책으로서의 일과 작품이라는 뜻을 모두 가진 'work'라는 단어의 뜻을 절실히 드러낸 사연이 담겨 있다.

오늘 일과와 함께
춤을

브람스 「헝가리 무곡 5번」

영화 「보헤미안 랩소디Bohemian Rhapsody」는 동명의 곡을 부른 록그룹 퀸Queen에 관한 이야기다. 여기서 '보헤미안'은 체코 보헤미아의 사람이라는 뜻보다는 유랑 민족인 집시에서 파생돼 사회의 관습에 구애받지 않는 방랑자를 가리킨다. 오늘도 일과와 아슬아슬한 춤을 추고 있는 직장인이라면 한 번쯤 꿈꾸기 마련인 자유의 대명사다. 리스트Franz Liszt의「헝가리 광시곡Magyar Rapszódiák」이나 사라사테Pablo de Sarasate의「지고이네르바이젠Zigeunerweisen」은 당대에도 대중적인 열광을 받았는데, 그 시대 사람들에게 헝가리 음악은 곧 집시 음악을 가리키는 말이었다. 그 출발점에 브람스Johannes Brahms의「헝가리 무곡 5번Ungarische Tänze No. 5」이 있다.

이 곡은 원래 네 손을 위한 피아노 연탄곡이라 두 사람의 피아니스트가 함께 연주하는 게 특징이다. 이국적인 멜로디도 인상적이지만 두 연주자의 호흡이 감동을 배가시키는 이 작품을 들으면, 우리 삶에서 반복되는 일상과 그 너머를 꿈꾸는 심정이 고스란히 느껴진다. 춤은 음악과 마찬가지로 기분과 감정을 전달하는 소통의 매개체이자 인류 공통의 언어이며, 호감의 촉매제이기 때문이다.

「헝가리 무곡 5번」은 듣는 순간 "아!" 하는 탄성이 나올 만큼 익숙한 멜로디와 신나는 리듬을 가진 곡이다. 너무도 많은 분야에서 원용됐지만, 그중 찰리 채플린Charles Chaplin의「위대한 독재자The Great Dictator」에서 이 곡이 나오는 장면이 특히 유명하다. 심지어 리듬 게임의 음악으로 활용될 정도이니 세대를 아우르는 곡이라 할 수 있다.

브람스는 1889년 12월에 실린더 레코딩 방식으로 "안녕하세요? 저는 요하네스 브람스라고 합니다."라는 인사와 함께 「헝가리 무곡 1번Ungarische Tänze No.1」을 독주 피아노 연주로 남겼다. 새로운 기술의 진보를 함께하는 이 역사적인 순간에 자신의 많은 레퍼토리 중에서도 왜 「헝가리 무곡」을 선택했을까? 아마도 이 곡을 통해 작곡가로서 새로운 전기를 맞이했고 미래를 향해 나아갈 수 있는 자신감을 얻었기 때문일 것이다. 당신의 일에 새로운 전기가 필요하다면, 이 곡을 들으며 결심을 굳히는 계기로 삼아보자.

 그림과 함께 듣는 음악

· 브람스 「헝가리 무곡 5번Ungarische Tänze No. 5」

· 형태: 피아노 연탄곡

· 제시문: 멜로디가 시작되는 순간 스텝을 밟고, 손뼉을 치며, 군무를 추고 있는 사람들이 눈앞에 자연스럽게 떠오른다. 점점 긴장이 고조되면서 마치 발레에서 제자리 연속 돌기를 하는 동작처럼 절정에 이른다. 오늘 하루도 수고한 자신에게 박수를 보내는 마음으로 곡을 들어보자.

알프레드 드오당크 「알카사르 정원의 집시 춤」

헝가리를 주제로 한 음악이라는 점에서 리스트의 「헝가리 광시곡」이 먼저 떠오르지만, 사라사테의 「지고이네르바이젠」을 추천한다. 집시들의 자유분방한 혈기와 격렬한 정열, 그리고 그 밑바닥을 흐르는 특유의 애수와 우울을 담은 명곡이라는 점에서 공통점이 많기 때문이다. 우리의 일상에 잔잔한 파문을 일으키기에 두 곡 모두 충분한 힘을 가지고 있다.

바쁜 꿀벌은
슬퍼할 겨를이 없다

림스키코르사코프 「왕벌의 비행」

한동네에 사는 초등학생 조카가 우리 집에 와서 피아노를 배운 적이 있다. 조금씩 클래식을 알아가던 무렵 원하는 곡이 있으면 이모가 연주를 해주겠다고 했더니, 림스키코르사코프Nikolay Rimsky-Korsakov의 「왕벌의 비행Flight of the Bumblebee」을 신청했다. 벌의 날개가 내는 소리처럼 빠른 템포로 연주하는 곡이 조카의 흥미를 끈 모양이다. 피아노 학원에서 사내아이들이 이 곡으로 연주 배틀을 벌이는 모습을 흔히 볼 수 있듯이 말이다.

「왕벌의 비행」은 러시아 국민주의 음악의 거장 림스키코르사코프의 오페라 「술탄 황제 이야기The Tale of Tsar Saltan」 제2막 1장에서 벌 떼의 습격을 받는 백조의 모습을 피아노, 바이올린, 첼로 등 여러 악기의 독주로 묘사한 곡이다. 영화 「샤인」에서 정신질환에 시달리는 주인공 헬프갓이 술집에 들어가 그곳에 있는 피아노로 격렬하게 연주한 장면으로도 유명하다.

격렬하고 숨 가쁜 템포의 멜로디를 듣고 있으면, 마음속 온갖 생각이 요동치는 것을 느낄 수 있다. 출퇴근의 혼잡, 업무의 고단함, 인간관계의 팍팍함 등이 떠오른다. 전직 대통령이 '꿀벌'을 '벌꿀'로 잘못 사용해 더 유명해진 격언인 "바쁜 꿀벌은 슬퍼할 겨를이 없다."는 말처럼, 우리네 인생살이의 고단함이 묻어나는 작품이다.

원곡도 유명하지만 피아니스트가 자신의 기교를 보여주기에 적합한 곡이라 종종 독주곡으로 연주되기도 한다. 쉴 새 없이 건반을 누르는 피아니스트를 보면서 음악적 능력에 감탄하는 만큼, 꿀벌과 같은 삶을 사는 우리의 모습을 떠올리는 것은 자연스러운 반응일 것이다. 슬퍼할 겨를도 없는 당신에게 잠시나마 에너지원이 되는 음악이길 기원한다.

 그림과 함께 듣는 음악

- **림스키코르사코프 「왕벌의 비행** *Flight of the Bumblebee*」
- **형태: 피아노곡**
- **제시문:** 드넓은 초원에 각양각색의 꽃이 만개해 있다. 이 아름다운 풍경에 정적을 깨트리는 벌의 비행 소리가 들린다. 물리지 않을까 하는 약간의 긴장감을 가진 채 이 풍경에 빠져보자. 꽃이 향기로울수록 벌 떼가 모여들기 마련이니까.

 같이 들으면 좋은 음악

「왕벌의 비행」과 더불어 모험심 가득한 사내아이들의 도전 의식을 자극하는 곡인 쇼팽 Frédéric Chopin 의 「환상 즉흥

필리프 뢰스터 「베슬링 초원」

곡Fantaisie-Impromptu」을 들어보자. 폴란드의 음악학자 호에직크Ferdynand Hoesick가 "마치 분수에서 뿜어내는 물에 비추어 보이는 밝은 햇빛과도 같다."고 평한 이 작품에 온몸을 맡겨보자. 건반을 타고 움직이는 손가락처럼 당신의 마음을 흔드는 음악의 매력을 느낄 수 있을 것이다.

당당한 걸음으로
하루를 시작하라

퍼셀 「트럼펫 튠 앤드 에어」

    트럼펫은 금관악기 중에서 제일 높은 음역을 담당하는 악기로, 그 맑고 날카로운 소리는 기운을 묵돋우는 힘이 있다. 특히 바로크음악에서 트럼펫은 군주의 상징으로, '땅 위의 지배자인 왕이나 황제'의 이미지를 구현하고자 할 때 작곡가들이 가장 즐겨 선택한 악기였다. 이렇게 위풍당당함을 나타내는 음색이기에 요즘에도 군악대와 각종 행사, 시그널 음악으로 트럼펫을 사용하는 것이리라.

간밤의 수면으로도 아직 다 풀지 못한 피곤을 짊어진 채 출근길에 나선 당신에게 새로운 하루의 시작을 당당한 걸음으로 시작하도록 추천하고 싶은 음악이 있다. 바로 퍼셀Henry Purcell의 「트럼펫 튠 앤드 에어Trumpet Tune and Air」다.

퍼셀은 궁정 작곡가, 왕실 예배당 오르가니스트 등으로 활약하면서 다수의 교회음악과 기악곡을 남겼으며, 오페라를 작곡하는 등 영국 바로크음악의 발전에 많은 공헌을 했다. 모차르트처럼 36세에 타계했기 때문에 '영국의 모차르트'로 불리거나, '영국의 오르페우스'라 불리며 추앙받았다. 그의 사후 한동안 영국에 주목할 만한 작곡가가 없었기에 '제2의 퍼셀'이 최고의 찬사가 될 정도였다.

오르가니스트로서 즉흥연주의 대가였던 퍼셀은 오르간 소품인 '튠tune'을 즐겨 썼는데, 그중 하나가 「트럼펫 튠 앤드 에어」다. 트럼펫 선율과 오르간의 조화를 통해 당당함과 우아함이 드러나는 작품이다. 악기마다 고유의 음색이 있고 음악치료사는 음악의 중요한 요소인 이 음색을 상황에 맞게 잘 활용할 필요가 있다. 따라서 이 곡이 지닌 트럼펫 고유의 음색과 그것을 잘 부각시킨 멜로디는 활기찬 기분을 만드는 데 도움이 될 것이다.

축하 의식이나 축제 때 쓰는 트럼펫의 신호를 팡파르fanfare 라고 하는데, 활기차고 장엄한 시작을 의미한다. 매일 똑같이 반복되는 하루일지라도 한 번쯤은 기분 전환을 위해 팡파르를 울려보는 것은 어떨까? 퍼셀의 「트럼펫 튠 앤드 에어」의 도입부와 같은 멜로디로 말이다.

 그림과 함께 듣는 음악　　　　　　　　　　

• 퍼셀 「트럼펫 튠 앤드 에어 *Trumpet Tune and Air*」

• 형태: 관현악곡

• 제시문: 동서양과 고금을 막론하고 어디에나 있었던 청동제 나팔의 개량형이 트럼펫이다. 그림에 보이는 것처럼 아이 에게 작은 나팔은 흥미와 관심을 불러일으키는 매력이 있다. 취주악기는 숨 조절과 구강 근육을 움직여 연주하기 때문에 호흡과 발성기관의 운용에 도움을 준다. 이러한 특성 때문에 음악치료에서는 언어 재활에 활용되며, 이제 막 발

프랑수아 기욤 메나조 「가족 초상」

화를 시작하는 아이에게도 유용한 도구다. 우선 소리가 나는 게 신기할 뿐만 아니라 어른들의 주의도 끌 수 있다. 이렇듯 정신을 집중시키는 트럼펫 소리에 귀를 기울여보자. 어쩌면 당신 안에서 절실히 도움을 필요로 하는 소리가 들릴지도 모른다.

 같이 들으면 좋은 음악

기운찬 하루의 시작에 도움을 주는 하이든의 「첼로 협주곡 1번Cello Concerto in C Major」을 추천한다. 이 작품은 하이든 특유의 경쾌한 악상과 고풍스러운 매력이 잘 살아 있는 곡으로, 첼로 선율이 마치 하늘로 비상하는 듯한 인상을 준다. 때론 자신을 바꿔서 상황을 변화시킬 수도 있다. 일이 잘되고 있어서 당당한 것이 아니라, 당당하게 행동함으로써 일이 잘 풀리게 되는 계기를 만들어보자.

일과 삶의
균형과 효율
맞추기

바흐 「칸타타 147번」

브리튼 「심플 심포니」

워락 「카프리올 모음곡」

◊

◊

'일'이라는 주제로 음악감상을 시작해보자.

1. 가치 카드 고르기

열한 개의 가치 카드 중 하나를 골라보자.

균형 *Balance*	명확/명료 *Clarity*	소통 *Communication*
효율성 *Efficiency*	열의 *Enthusiasm*	정직 *Honesty*
영감 *Inspiration*	인내 *Patience*	힘 *Power*
자발성 *Spontaneity*	강점 *Strength*	

2. 이완

최대한 음악에 집중할 수 있는 환경을 구성하고, 심호흡과 스트레칭으로 신체의 긴장을 풀면서 음악을 감상하자.

3. 음악 듣기

아래에 제시된 세 곡을 연속으로 듣는다.

바흐 *Johann Sebastian Bach*

「**칸타타 147번** *Cantate No.147 Herz*」

이 칸타타는 첫 구절인 '예수, 인류의 기쁨과 소망이 되시는 Jesu, Joy of Man's Desiring'으로 널리 알려져 있다. 크리스마스 시즌을 위해 작곡된 곡으로 바흐의 예술을 대표하는 합창곡 중하나다. 셋잇단음표의 규칙적인 선율이 대위법의 구도에서성부를 이동하면서 주제 선율이 반복적으로 등장한다. 아름다운 멜로디 덕분에 합창이 아닌 기악 독주곡으로도 많이 연주된다.

브리튼 *Benjamin Britten*

「심플 심포니 *Simple Symphony*」

이 곡은 브리튼이 10대 초반에 썼던 악상을 활용해 작곡한 곡으로 '단순한'이라는 수식이 붙을 정도의 소품이다. 현악기가 피치카토 주법으로 구사하는 경쾌한 선율과 민요풍 분위기를 가진 곡이다. 청소년을 위한 음악치료 프로그램에서 신체 움직임을 유도하는 활동을 위해 빈번하게 선곡되는 작품으로 발랄한 멜로디와 아기자기한 오케스트레이션은 듣는 이를 미소 짓게 만든다.

워락 *Peter Warlock*

「카프리올 모음곡 *Capriol Suite*」

영국 전원풍의 멜로디가 노스탤지어를 자극하는 곡이다. 현악기의 연주가 바람이 부는 듯한 분위기를 자아낸다. 15세기 전후 궁중에서 유행한 춤곡 형식이기 때문에 우아함까지 느낄 수 있다.

4. 감상 정리하기

균형ᆞᆞ 일과 학업의 균형을 맞추기가 쉽지 않다는 한 참여자는 이 곡들을 들으면서 한쪽으로 치우치지 않는 삶을 살겠다고 다짐했다. 첫 번째 음악에서는 길을 걷고 있는 자신 주변으로 즐거웠던 순간과 괴로웠던 순간이 파노라마처럼 지나가는 느낌을 받았다. 두 번째 음악에서는 굴러오는 돌에 쫓기다 보니 두려운 마음이 들었다. 세 번째 음악에서는 지금까지 곧게 걸은 줄 알았던 길이 구불구불한 것을 보고 울컥한 마음이 들었지만 마지막에는 위로를 받았다.

효율ᆞᆞ 지금까지는 마음 가는 대로 살아왔던 것 같다는 다른 참여자는 이제부터는 후회하지 않도록 효율을 추구해야겠다고 생각했다. 첫 번째 음악에서는 엄마와 유럽 배낭여행을 갔던 추억이 떠올랐는데 까맣게 잊고 있었던 일이 떠오른 것이 음악의 힘이라 느꼈다. 두 번째 음악에서는 애니메이션 「이웃집 토토로」에 나오는 토토로와 나무 터널을 지나는 상상을 했다. 세 번째 음악에서는 멀리 하얀 빛 속을 걸어가는 두 사람을 보았는데, 알고 보니 할아버지와 할머니였고 '후회'라는 감정이 떠올랐다.

5. 강평

세 곡이 지닌 분위기와 전개 방식이 빛과 어두움을 연상시켜 고난을 통과한 후 안도감을 제공하는 것 같았다. 참여자들은 자연스럽게 지금까지 살아온 삶의 여정과 선택의 순간을 떠올렸다. 곡을 처음 들을 때와 다시 들을 때 새롭게 들리는 부분이 있기 때문에, 시간을 두고 같은 곡을 다시 들어보기를 추천한다. 음악감상이 정답을 찾는 과정이 아니라 자신의 불완전함을 포용하는 계기가 되길 기대한다.

주 5일제 근무가 논란이 됐던 것이 엊그제 같은데 이제는 주 4일제 근무를 공약하는 정당이 있을 정도로 쉬는 것이 중요한 시대가 됐다. 일과 삶의 균형을 맞추자는 '워라밸'이 당연할 정도로 우리 사회에서 '휴식'은 선택이 아닌 필수가 됐으니 말이다. 그런데 정작 쉬는 것도 만만한 일이 아니다. 진정한 여유를 누리고 만족을 얻기 위해서는 쉬는 것 또한 제대로 배울 필요가 있다.

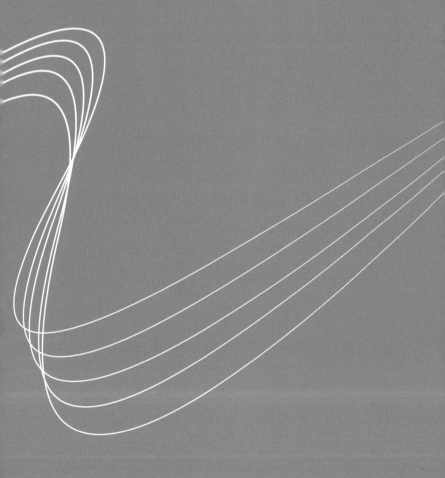

열심히
일한 당신
떠나라

음악과 이완, 정서/템포

음악은 우리의 심장박동에
영향을 미쳐 쉼을 얻게 한다.

안도가
필요한 순간

사티 「짐노페디」

지친 몸을 달래고 풀어줄 휴식도 필요하지만 그에 못지않게 중요한 것이 마음의 휴식이다. 우리는 일상의 다양한 측면에서 마음에 상처를 받고 그로 인해 울화가 쌓인다. 사람을 상대하는 감정 노동을 하는 직업이라면 특히 마음을 돌봐야 한다. 그럴 때 자신에게 "Calm down!"이라고 주문하며 진정시킬 필요가 있다.

통증 신호는 척수를 거쳐 뇌로 전달되는데, 이 신호를 처리하는 부위가 음악을 처리하는 부위와 가깝다고 한다. 따라서 음악을 감상할 때 통증을 느끼게 하는 신경전달물질이 뇌로 전달되기 전에 경로를 차단하고 상쇄시킬 수 있다.

마음을 진정시킬 때 무엇보다 효과가 빠른 것 중 하나가 음악이다. 행진곡으로 군인의 사기를 올리고 응원가로 선수들의 경기력을 향상시키듯 잔잔한 음악은 흥분하거나 분노한 사람을 차분하게 만드는 힘이 있다. 영화나 드라마에서 단란했던 한때를 그리는 장면이나 CF에서 안락함을 강조할 때 자주 사용되는 곡이 있다. 어떤 곡인지 제목은 몰라도 그 멜로디만은 익숙한 이 곡을 검색하면 명상, 힐링, 숙면 등의 콘텐츠로 쉽게 찾을 수 있는데 바로 사티Erik Satie의 「짐노페디Gymnopédies」다.

1887년 사티는 파리 몽마르트르로 이사해 카바레 '검은 고양이'의 피아니스트로 연주를 하게 됐는데, 시인 라투르Patrice Contamine de Latour가 단골이었다. 두 사람은 금세 친해져 두터운 우정을 쌓았다. 사티는 라투르의 시 「고대인」에 나오는 '짐노페디아와 사라방드를 뒤섞어 춤추네'라는 구절에서 영감을

언어 「짐노페디」를 작곡했다고 밝혔다.

더군다나 이 곡이 탄생한 곳이 몽마르트르의 카바레라는 것을 되새기면 춤과 관련이 깊을 수밖에 없다. 좋은 시절이라는 뜻인 '벨 에포크Belle Époque'의 전성기에 그 중심지였던 파리에서는 영화로도 유명한 '물랭 루주Moulin Rouge'가 캉캉 춤으로 명성을 구가하고 있었다. 어쩌면 이 곡이 주는 차분함은 이런 배경과 극적인 반전을 이루기에 더 큰지도 모른다.

이 작품은 부드럽고 매혹적인 선율의 왈츠 곡으로 이루어져, 고전적인 피아노 연주를 완전히 뒤엎어놓았다. 이 곡의 잔잔함을 생각한다면 춤곡이라는 것이 반전처럼 느껴질 수 있지만 그만큼 듣는 이의 마음을 움직이는 힘이 있다는 뜻이기도 하다. 세상살이로 쌓였던 울분이 차츰 가라앉는 기분을 느낄 수 있을 것이다.

마음의 안정을 얻거나 불면증을 극복하기 위해 명상을 하는 경우가 많은데, 문제는 잡다한 생각을 떨치고 눈을 감고 이완을 하는 게 쉽지 않다는 것이다. 마음을 비우는 것 또한 훈련이 필요하다. 이때 도움이 되는 것 중 하나가 음악인데, 「짐노페디」 같은 곡을 추천한다. 감정을 지나치게 고양시키거나 가라앉히지 않으면서도 생각이 흩어지지 않도록 사로잡는 힘이 있다. 이제 안심하고 명상을 시작하기 전 플레이 버튼을 누르자.

 그림과 함께 듣는 음악

- **사티 「짐노페디** *Gymnopédies* **」**

- **형태: 피아노 독주곡**

- **제시문:** 한 음 한 음 피아노 위에서 연주되는 멜로디가 잔잔한 호수에 일어나는 파문을 닮았다. 그런 동심원들이 모였다 흩어졌다를 반복하다 보면 마치 춤추는 것처럼 보일 것이다. 그림 속 무희의 우아한 몸짓처럼 우리의 마음속에서 춤추는 멜로디에 완전히 자신을 맡겨보자.

에드가 드가 「에투알」

　명상 음악에 양대 산맥이 있다면 이 곡과 더불어 마스네Jules Massenet의 「타이스의 명상곡Meditation de Thais」을 들 수 있다. 듣는 순간 저절로 눈이 감기며 마음이 차분해지는 선율이다. 아무런 사고의 방해 없이 릴랙스한 상태로 들어보자. 무엇인가를 인위적으로 떠올리려고 하지 말고 그저 음악이 이끄는 대로 감상하다 보면 마음에 이보다 좋은 진정제가 없음을 깨닫게 될 것이다. 많은 사람이 이 곡을 명상 음악으로 추천하는 데는 이유가 있다.

때로는 그대로 두는 것이
최선이다

비틀스 「렛 잇 비」

　힘들 때 위안을 주는 팝 음악 중 대표적인 곡이 바로 비틀스The Beatles의 「렛 잇 비Let It Be」가 아닐까? 이 곡의 제목은 점잖게 "순리에 맡겨라."로 번역할 수도 있지만, 뉘앙스를 제대로 살리려면 "내버려 둬."로 바꾸는 게 제격이다. 다소 장난스러운 면이 없지 않지만, 역설적으로 그때문에 인생의 진리를 담고 있는지도 모른다. 때로는 그대로 두는 것이 최선인 법이다.

대중음악이지만 이제는 클래식의 레퍼토리로 활용될 정도로 높은 인지도와 사랑을 받는 이 곡은 사실 비틀스에게는 최악의 시기에 탄생한 곡이다. 비틀스 최후의 앨범인 된 「렛 잇 비」의 타이틀 곡으로 극심한 갈등 속에 나온 곡이니만큼 "내버려 둬."라는 말이 더욱 의미심장하게 다가온다.

폴 매카트니는 힘겨운 시절을 보내고 있을 때 꿈속에서 돌아가신 어머니가 해주신 말씀에서 영감을 받아서 작사·작곡을 했다고 회상했다. 그래서 이 노래를 들으면 '엄마가 다가와 Mother mary comes to me' 다독여주는 듯한 기분을 느낄 수 있다. 그때 이런 말이 귀에 들릴 것 같다.

"괜찮아. 다 잘될 거야."

어쩌면 음악에도 이런 내버려 둠과 침묵이 필요할지도 모른다.

존 케이지 John Cage의 「4분 33초 4′ 33″」라는 곡이 있다. 오케스트라 단원들이 연주를 시작할 만반의 준비를 한 채 4분 33초 동안 악보만 바라보는 작품이다. 침묵이 흐르는 무대를 응시하면서 들리는 모든 소리와 상황에 집중하는 것만으로도 충분히 음악이 될 수 있다는 퍼포먼스다. 우연성 자체가 음악이 될 수 있는 사례이기도 하다.

MZ세대가 기피하는 것 중에 기성세대가 "라떼(나 때)는 말이야."로 시작하는 조언이 있다. 현재 어려움을 겪거나 고민에 빠져 있는 많은 사람에게 진정 '지혜로운 조언Speaking Words of Wisdom'은 다를 수 있다. 누구나 알고 있듯이 '이 또한 지나갈 것'이기 때문이다. 이런 내버려 둠 또한 음악이 주는 힘이다. 때론 놓아버려야 그다음으로 나아갈 수 있다.

 그림과 함께 듣는 음악

· 비틀스 「렛 잇 비 *Let It Be*」

· **형태: 팝**

· **제시문:** 당신은 지금 상처받은 마음을 안은 채 인파에 둘러싸여 있다. 이럴 때는 무심한 안부도 상처를 건드릴 수 있다. 마음속으로는 '제발 날 내버려 둬!'라며 절규하고 있을지도 모른다. 그렇다면 이제 음악에 귀를 기울여보자. 여러 번 반복되는 지혜의 말에 귀를 기울이면서 말이다.

오귀스트 르누아르 「뱃놀이 일행의 점심 식사」

어찌할 바를 모르는 답답한 상황에서 숨 고르기를 하고 싶다면 쇼팽의 「녹턴 2번Nocturne in E-flat Major No.2」을 추천한다. 어려운 상황에도 "괜찮아."라고 말하며 너무 좌절할 이유가 없다고 위로하는 「렛 잇 비」처럼, 「녹턴 2번」도 차분하게 마음을 안정시키는 음악이다. 도입부터 서정적이고 꿈결 같은 멜로디가 펼쳐지고, 자연스럽게 감미로운 연주에 몰입하게 된다.

조용히 마음을
어루만지는 음악

바흐 「G선상의 아리아」

고전음악의 기초를 닦은 음악의 아버지, 바흐의 작품 중 「G선상의 아리아Air on G String」는 많은 사랑을 받는 곡이다. 바이올리니스트 빌헬미August Wilhelmj가 독주 바이올린과 피아노 반주로 연주할 수 있도록 바흐의 「관현악 모음곡 3번」 중 2악장 「에어Air」를 바이올린의 G현만 사용해 편곡한 덕분에 지금의 제목으로 널리 알려졌다. 말 그대로 공중에 떠 있는 기분을 느낄 수 있는 곡이다.

워낙 유명한 곡이라 관련된 일화가 많지만, 교과서에도 나올 정도로 유명한 이야기가 있다. 평론가 박용구의 「음악과 인생」이라는 수필에서 바리톤 이인영이 1·4 후퇴 당시 겪었던 사연을 소개했는데, 고단한 피난길 도중에 기차가 정차한 동안 이 곡을 축음기로 틀었더니 주위 사람들이 모두 집중해서 들었다는 것이다. 서양 고전음악을 전혀 모르는 노인조차 한 번 더 들려달라고 요청할 정도로 전쟁에 지친 사람들의 심금을 울린 곡이라는 사연이었다.

이 작품은 장중한 분위기로 가득 차 있고 선율이 아름다워 시대를 넘어 꾸준히 사랑받고 있다. 각종 다큐멘터리 프로그램에 배경음악으로 활용되기도 했으며, 광고에도 자주 등장하고, 대중가요에서도 즐겨 샘플링하는 곡 중 하나다. 특이한 점은 각종 미디어에서는 분위기에 맞게 평화롭고 고요한 상황에서 배경음악으로 사용하는 경우가 많지만, 반대로 비극적이거나 잔혹한 연출에 사용함으로써 거부감을 감쇄하는 효과도 있다는 것이다. 어느 쪽이든 음악의 힘을 여실히 드러내는 작품인 셈이다.

바이올린에서 가장 낮은 음을 내는 G현 하나를 사용해 이토록 조용히 마음을 어루만지는 음악이 탄생할 수 있다는 것이 신비롭게 느껴진다. 때로는 단순해 보이는 것이 더 깊이 있을 때가 있다. 우리 삶도 마찬가지다. 어떤 때는 비워야 채울 수 있다. 당신의 삶에 쉼이라는 빈자리를 한번 만들어보기를 권한다.

 그림과 함께 듣는 음악

· 바흐 「G선상의 아리아 *Air on G String*」

· 형태: 바이올린 독주곡

· 제시문: 오직 한 개의 현을 사용하면서도 바이올린 특유의 저음과 가냘픈 고음을 넘나들며 흐르는 멜로디를 듣다 보면 서서히 동이 터오는 아침 산책길이 떠오른다. 문득 바람결에 실려오는 상쾌한 풀 내음은 복잡한 생각을 한번에 날려 보내며 마음에 안정과 평안을 가져다줄 것이다.

프레드릭 보르겐 「아침의 기분」

조용한 쉼과 같은 음악으로 드뷔시Claude Debussy의 「달빛Clair de Lune」을 추천한다. 이 곡은 「베르가마스크 모음곡Suite Bergamasque」 중 하나로, 드뷔시의 곡 중 가장 널리 알려진 곡이다. 「달빛」은 신비로운 화성과 은유적 분위기로 인해 표제음악이 주는 드뷔시의 음악적 신념이 고스란히 드러나는 작품이다. 특유의 아름답고 간결한 멜로디를 들으면 어스름한 밤에 달빛이 비치는 광경이 떠오를 것이다. 그 고적함 속에서 나의 내면을 꿈결처럼 탐색해보자.

고요한 밤
당신에게 휴식을

모차르트 「아이네 클라이네 나흐트무지크」

영화 「아마데우스Amadeus」에서 정신병원에 있는 살리에리 Antonio Salieri가 면회 온 신부에게 자신이 작곡한 곡을 여러 개 들려줘도 전혀 알아차리지 못하자 이 곡은 분명히 알 거라며 연주한 곡이 있다. 신부가 듣자마자 멜로디를 입으로 따라 한 작품이 바로 모차르트Wolfgang Amadeus Mozart의 「아이네 클라이네 나흐트무지크Eine Kleine Nachtmusik」다. 모차르트의 수많은 작품 중에서도 모차르트의 성격을 잘 드러내는 곡이자 그를 대표하는 명곡이다.

제목을 번역하면 '작은 밤의 음악'이라는 뜻인데, 실제로는 이탈리아어 '세레나타serenata'를 옮긴 '작은 세레나데'라는 의미다. 영화에 나온 것처럼 누구나 쉽게 따라 할 수 있는 익숙한 선율로 이루어진 간결한 작품으로 대작은 아니지만 천상의 음악이라 일컫는 모차르트의 작품이라 여전히 많은 사랑을 받고 있다.

본래 세레나데는 사랑하는 연인이 있는 창가를 향해 부르는 밤의 연가다. 그러다가 의미가 확장돼 지위가 높은 사람을 축하하거나, 그에 대한 존경심을 표현하기 위해 작곡한 대규모의 극적 성악곡 혹은 기악곡도 세레나데라고 부르게 됐다. 덕분에 귀족들의 연회에 사용되기도 했는데, 춤을 추는 용도 이외에 연주 자체를 감상하는 경우도 있었다.

이러한 작품의 특성 때문에 밤의 고요함과 연회의 유쾌함, 균형감과 우아함의 조화로움을 모두 느낄 수 있다. 살짝 어깨가 들썩임을 느끼면서도 차분하게 의자에 앉아 창밖의 달빛을 감상하는 모습을 떠올리게 하는 작품이다. 이런 휴식을 꿈꾸는

것도 좋지 않을까? 정말 격렬하게 아무것도 안 하거나 너무 열
정적으로 노는 것이 아닌, 차분하면서도 살짝 흥분되는 휴식
말이다. 몇백 년 전의 이 작품이 여전히 사랑받는 이유는 이러
한 힘이 내재돼 있기 때문일 것이다.

 그림과 함께 듣는 음악

- **모차르트 「아이네 클라이네 나흐트무지크** *Eine Kleine Nachtmusik* **」**
- **형태: 관현악곡**
- **제시문:** 한낮의 뜨거움이 사라지고 고요함 속에 향긋한 꽃
  내음이 가득한 정원을 거닐어보자. 때마침 터지는 불꽃놀
  이로 아름다운 꽃의 모습을 슬쩍 볼 수 있다. 소중한 사람
  과 함께 정원을 산책하는 모습을 떠올리며 하루의 피로와
  고민을 조금씩 떨쳐내는 시간을 갖기를 바란다.

 같이 들으면 좋은 음악

마스카니 Pietro Mascagni 의 「카발레리아 루스티카나-간주곡

아논 「하이게이트 글로브 정원」

Intermezzo from Cavalleria Rusticana」을 추천한다. 보통 오페라는 신화 속 인물이나 역사적 사건을 다루다 보니 현실과 거리가 있는데, 이 작품은 가난한 농어민과 노동자의 삶을 다루었다. 그렇기에 피부에 더 와닿는 작품이다. 특히 「간주곡」의 비장하면서 아름다운 멜로디 덕분에 영화 「대부The Godfather」 등 다양한 매체에 활용됐으며 많은 사람의 사랑을 받았다. 스트레스 해소나 이완과 관련된 음악 목록에서도 빠지지 않고 수록되는 작품이기도 하다.

한 걸음
또 한 걸음

무소륵스키 「전람회의 그림—키이우의 대문」

주말이면 인스타 명소나 맛집 앞에 길게 늘어선 줄을 보는 것만으로도 피곤하다. 제대로 노는 것이란 얼마나 고단한 일인가? 그래도 쉴 때는 쉬어야 한다. 여기에서는 너무 오래된 카피 문구라 오히려 새삼스러운 말, "열심히 일한 당신 떠나라!"를 실천할 수 있도록 첫걸음을 떼는 음악을 소개하려 한다. 바로 무소륵스키Modest Mussorgsky의 「전람회의 그림Pictures at an Exhibiton」이다.

무소륵스키와 깊은 우정을 나눈 건축가이자 디자이너, 화가인 하르트만Viktor Hartmann이 1873년에 갑작스러운 죽음을 맞았다. 친구들은 하르트만의 유작을 모아 1874년에 추모 전람회를 개최했는데, 여기에는 수채화나 데생, 유화만이 아니라 건축 설계 스케치나 보석, 생활용품, 무대 배경, 의상 등의 디자인까지 포함됐다. 「전람회의 그림」에 영감을 준 것은 바로 이 전시회였다.

전람회에 전시된 열 개의 작품에 대한 음악적 묘사가 탁월해 각각의 곡들도 사랑받고 있지만, 곡과 곡 사이에 작곡가가 하르트만의 작품 사이를 거니는 모습을 형상화한 「프롬나드Promenade(산책)」는 한번 들으면 잊을 수 없는 인상적인 멜로디다. 한가로운 전원을 거니는 일상 탈출을 꿈꾸는 현대인에게 한 걸음 또 한 걸음 내딛는 것만 같은 선율은 휴식의 자리로 안내하는 이정표가 될 것이다.

차분한 「프롬나드」의 주제가 당당한 행진곡으로 변주된 작품이 마지막 곡 「키이우의 대문The Heroes' Gate at Kiev」이다. 듣는 이로 하여금 문을 통과하는 성대한 행렬에 참여한 듯한 느낌을 전달한다. 전 곡을 마무리하기에 손색이 없으며 위풍당당한 악상이 드높이 울려 퍼지는 찬가다.

첫걸음을 잘 디뎠다면 우리를 목적지로 안내해줄 내비게이션이 필요할 것이다. 이 책이, 그리고 이 음악이 여기까지 우리를 안내할 것이다. 더 나아가고 싶다면 자신만의 음악 내비게이션을 켜야 한다. 이제 음악을 통해 새로운 영감을 얻을 수 있을 것이다.

 그림과 함께 듣는 음악

• 무소륵스키 「전람회의 그림-키이우의 대문 *The Heroes' Gate at Kiev from Pictures at an Exhibition*」

• 형태: 관현악곡/피아노곡

• 제시문: "슬라브 특유의 둥근 지붕 모양을 한 옛 러시아의 힘찬 스타일을 그대로 적용했다."는 하르트만의 설명처럼 이국적인 모양의 문을 지나면, 마치 현실과는 다른 세계나 과거로 순간 이동할 것 같다. 일상 탈출을 꿈꾸는 당신에게 펼쳐질 별천지를 마음속에 그려보자.

빅토르 하르트만 「키이우의 대문을 위한 디자인 스케치」

　다양한 구경거리를 본다는 측면에서 생상스Camille Saint-Saëns
의「동물의 사육제Le Carnaval des Animaux」를 추천한다.「서주와
사자왕의 행진Introduction et Marche Royale du Lion」같은 웅장한 음
악도,「화석Fossiles」같은 흥미로운 음악도 있어 다양한 재미를
주지만, 단독으로도 연주되는「백조Le cygne」의 감미로운 선율
덕분에 차분해지는 기분을 느낄 수 있다. 모음곡이 지닌 다양
성이라는 장점도 있지만, 어린 시절 놀이공원에서 느꼈던 설렘
을 다시 경험할 수 있기 때문에도 권한다.

자유로운 영혼의
음악가

알비노니 「오보에 협주곡 라단조 2악장」

오보에는 목관악기 특유의 부드럽고 섬세한 소리를 가지고 있어 듣는 이의 마음을 차분하게 만드는 힘이 있다. 목관악기 중 왕좌의 자리를 여전히 유지하고 있는 악기이며, 연주 난이도가 높은 악기로 꼽히기도 한다. 또한 오보에의 음색은 관통력이 매우 커서 단 한 대만 연주해도 웬만한 규모의 오케스트라 합주 소리를 뚫고 들릴 정도다. 목동들의 악기였던 오보에가 오케스트라에 유입된 후 주목받기 시작해 마침내 협주곡으로 자신의 음악적 역량을 만개하는 데 결정적인 역할을 한 음악가가 있다. 바로 작곡가 알비노니Tomaso Albinoni로, 오보에가 가진 독주 악기로서의 가능성에 주목해 여러 곡의 협주곡을 작곡했다. 그중에서도 고요하고 애잔한 멜로디를 들려주는 「오보에 협주곡 라단조 2악장Oboe Concerto in D Minor, 2. Adagio」을 소개하고자 한다.

알비노니는 베네치아에서 부유한 상인의 아들로 태어났다. 보통 예술가의 삶은 고단하다는 선입견과 달리 재력을 바탕으로 50편 이상의 오페라를 작곡하고 아홉 권의 기악곡집을 발행했다. 동시대 사람인 바흐가 푸가fugue에 알비노니 작품의 주제를 활용했을 정도로 당대에 인기를 끌었을 뿐만 아니라 오늘날에도 다시 주목받는 음악가다.

특히 「오보에 협주곡 라단조 2악장」은 목가적인 서정성이 가득한 오보에 칸타빌레가 특징이다. 사람의 목소리를 닮았다는 오보에의 특성을 살려 성악가의 풍부한 음성을 표현했다. 신분적 제약과 경제적 이유로 왕과 귀족이나 교회에 고용됐던 다른 음악가들과 달리 자유롭게 음악을 할 수 있었던 알비노니의 여유가 은근히 묻어나온다.

음악치료사로서 의료 세팅을 위한 배경음악을 추천해달라는 의뢰를 받을 때가 종종 있다. 병원의 대기실과 치료실은 환자들에게 불안이나 스트레스를 가중시키는 환경인데, 그것을 상쇄하는 긍정적인 자극제로 음악이 필요한 것이다. 한번은 대학병원 방사선종양학과에서 방사선치료를 대기하고 치료를 받는 환자들에게 들려줄 악곡을 의뢰받은 적이 있었다. 이 악곡은 그때 제공했던 목록 중 하나다. 오보에는 겹리드를 사용하는 데다가 공기를 집어넣는 구멍이 작기 때문에 가늘고 길게 프레이즈phrase를 유지할 수 있다. 이러한 특성은 고음 목관악기 특유의 안정감을 주는 선율을 연주하는 데 용이하다. 실제로 치료 시 이 곡을 배경음악으로 들려주었을 때 환자들이 편안함을 느낀다는 피드백을 받았다.

알비노니는 스스로를 '딜레탕트 베네치아의 바이올린 음악가'로 소개할 정도로 자유로운 영혼이었다. 그가 서정성 가득한 오보에로 들려주는 몽환적인 이상향을 통해 마음의 안식을 가져보자. 너무 진지해 마음껏 즐기거나 긴장을 풀어놓을 수 없는 음악은 잠시 한쪽에 두고, 음악이 주는 이완 속에서 자연과 하나 된 자신을 만나기 위해서 말이다.

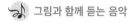 그림과 함께 듣는 음악

- 알비노니 「오보에 협주곡 라단조 2악장 *Oboe Concerto in D Minor, 2. Adagio*」

- 형태: 오보에 협주곡

- 제시문: 따사로운 오후, 양들은 한가로이 풀을 뜯고 있고, 밝은 하늘에 가끔 바람이 불어 몸은 노곤하다. 아무런 위험도 없는 때 눈부신 햇살을 손으로 가리고 풀밭에 눕는다. 잠시라도 이런 쉼이 주어져 우리의 일상을 이어갈 수 있다면 얼마나 좋을까. 음악을 들으면서 이런 쉼을 느껴보자.

 같이 들으면 좋은 음악

알비노니의 「현악과 통주저음을 위한 아다지오 사단조 *Adagio for Strings and Basso Continuo in G Minor*」를 추천한다. 사실 이 곡은 알비노니의 작품이 아니라 이 곡을 발굴한 지아조토 *Remo Giazotto* 의 작품일 가능성이 높지만, 여전히 알비노니의 「아다지오」로 부른다. 매우 느린 단조의 애절한 선율로 연주돼 음악과 이완을 위한 레퍼토리로 사랑받는 작품이다. 독자분들도 듣는 순간 "아, 이 곡!"이라고 생각할 친숙한 선율에 마음을 온전히 맡겨보자.

3부_ 휴식 relax

프란츠 폰 렌바흐 「목동」

시골 풍경을
그립게 만드는 마법

김희갑 「향수」

요즘은 크로스오버를 전문으로 하는 그룹이 대중화됐지만, 예술 장르 간의 경계를 허물기 쉽지 않은 시절이 있었다. 그때 처음으로 벽을 허문 사례가 존 덴버John Denver와 플라시도 도밍고Placido Domingo가 함께 부른 「퍼햅스 러브Perhaps Love」다. 이 곡의 영향으로 우리나라에서도 가수 이동원과 테너 박인수가

정지용의 시에 곡을 붙인 「향수」를 불러 큰 인기를 얻었다.

정지용의 「향수」는 1927년에 발표된 시로 1930년대 채동선에 의해 가곡이 작곡됐을 정도로 유명한 작품이다. 정지용은 납북에 관한 논란 덕분에 기피됐던 시인이지만 오랜 세월이 지나 「향수」라는 애창곡으로 새롭게 거듭난 것이다. 하나의 명곡이 탄생하기 위해서는 얼마나 많은 우여곡절이 있는지 새삼 놀라게 된다.

"그곳이 차마 꿈엔들 잊힐 리야"라는 후렴구처럼 이 곡을 듣는 사람은 자연스럽게 한가로운 농촌 풍경을 눈앞에 떠올리기 마련이다. 이제 듣는 사람의 상당수가 "넓은 벌 동쪽 끝으로 옛이야기 지줄대는 실개천이 휘돌아 나가고"의 풍경을 쉽게 떠올리기 힘듦에도 불구하고 여전히 사랑받는 곡이다. 이 작품에서 그리는 풍경이 "전설 바다에 춤추는 밤물결 같은 검은 귀밑머리 날리는 어린 누이"가 사는 곳처럼 우리의 마음속에 내재된 근원적인 이상향에 가깝기 때문일지도 모른다. 곡이 끝날 무렵이면 "초라한 지붕 흐릿한 불빛에 돌아앉아 도란도란거리는" 시골 풍경을 그리게 만드는 마법이 담겨 있다. 일에, 그것을 강요한 세상에 지쳤다면, 꿈속에나 볼 법한 마음의 고향으로 이끄는 이 곡을 한번 들어보자.

이제는 음악 장르의 융합이라는 독특한 시도가 주는 처음의 충격은 사라지고 우리에게 익숙한 레퍼토리와 클래식이 돼버린 이 작품은 많은 사연을 가진 곡이다. 이 노래가 그리는 풍경이 더 이상 우리 곁에 존재하지 않듯, 이 작품을 가로막았던 진영 논리도 사라져버렸다. 그러나 한 가지 확실한 것은 우리의 마음을 흔드는 멜로디와 가사의 힘은 예나 지금이나 같다는 사실이다.

 그림과 함께 듣는 음악

· 김희갑 「향수」

· 형태: 성악곡

· 제시문: "얼룩백이 황소가 해설피 금빛 게으른 울음을 우는 곳"이라는 가사를 들으면, 그림과 같은 풍경이 자연스럽게 머릿속에 그려질 것이다. 실제로 그런 고향이 있는지

칼 슈베닝거 「소가 있는 풍경」

는 중요하지 않다. 자연스럽고 어떤 압박도 없는, 완벽한 휴식의 공간을 떠올리면 된다. 당신에게 그런 여유를 허락해보자.

 같이 들으면 좋은 음악

크로스오버의 문을 연 존 덴버의 「테이크 미 홈, 컨트리 로드 Take Me Home, Country Roads」를 추천한다. 웨스트버지니아주의 상징으로 여겨지는 노래로, 주가州歌로 지정되기 전부터 많은 사랑을 받다가 2014년 3월에 공식적으로 인정받았다. 그만큼 고향을 그리는 노래의 정석이라 할 것이다. 몇 년 전 웨스트버지니아주와 버지니아주 경계인 하퍼스 페리와 포토맥강을 여행한 적이 있는데, 이 노래가 등장하는 바로 그 풍경이라 더욱 친근하게 느껴졌다. 명절 귀향길에 라디오에서도 자주 틀어주는 곡이니 미국 컨트리음악 특유의 경쾌함으로 고향을 그리는 마음에 공감해보자.

휴식을 위한
이완과 조화

비제「카르멘 모음곡」

엘가「현을 위한 세레나데」

◇

◇

'휴식'이라는 주제로 음악감상을 시작해보자.

1. 가치 카드 고르기

열 개의 가치 카드 중 하나를 골라보자.

균형 Balance	동지애 Brotherhood	환희/기쁨 Delight
기대 Expectancy	유연성 Flexibility	조화 Harmony
놀이 Play	이완/해제 Release	자유 Freedom
치유 Healing		

2. 이완

최대한 음악에 집중할 수 있는 환경을 구성하고, 심호흡과 스트레칭으로 신체의 긴장을 풀고 음악을 감상하자.

3. 음악 듣기

다음에 제시한 두 곡을 연속으로 듣는다.

비제 Georges Bizet

「카르멘 모음곡-서곡 Entr'acte from Carmen Suite」

비제의 「카르멘」은 의심할 여지 없는 명작이지만 초연의 실패로 작곡가에게는 큰 좌절을 안겨준 곡이다. 이후 다시 곡이 각광받으면서 몇 곡을 선곡한 발췌곡이나 여러 가지 무곡을 엮은 모음곡이 자주 연주됐는데 이 곡도 그중 하나다. 하프의 선율과 플루트의 음색에 빠져들다 보면 싱그러운 햇살에 빛나는 나무 그늘에 앉아 있는 기분이다.

엘가 *Edward Elgar*

「**현을 위한 세레나데** *Serenade for String Orchestra in E Minor*」

엘가가 사랑하는 아내에게 세 번째 결혼기념일 선물로 준 곡으로 엘가의 사랑이 한껏 묻어 있는 작품이다. 세 악장으로 구성돼 있는 세레나데는 첫 악장부터 마지막까지 낭만과 서정성이 짙게 배어 있다. 라르게토larghetto의 서정적이고 아름다운 선율과 저음과 고음의 잦은 도약이 사랑의 설렘을 잘 담아낸다.

4. 감상 정리하기

균형 · · 신체적, 심리정신적, 사회적으로 균형이 필요했던 한 참여자는 음악을 들으면서 심상을 떠올리고 이미지화하는 것이 처음에는 낯설고 어색했는데 점차 자유로움을 느꼈다. 첫 번째 음악에서는 퇴촌의 물안개공원을 떠올렸는데, 정말 아무 생각도 하지 말자는 마음으로 음악을 들으며 어디론가 빨려들어 가는 느낌을 받았다. 두 번째 음악에서는 서정적이고 아름다운 선율을 몸으로 느끼면서 자유롭게 춤을 추는 상상을 했는데, 음악이 비언어적으로 감정과 상상을 표출한다는 이론에 공감을 한 순간이었다.

유연성 · · 여유 있는 삶을 살아본 적이 거의 없다는 다른 참여자는 평생의 과제로 유연성을 선택했는데, 자신을 돌보는 데 어색했기 때문이다. 첫 번째 음악에서는 하프의 아름다운 선율이 시냇가로 인도했으며 싱그러운 햇살을 맞으며 나무 그늘에 있는 듯했다. 두 번째 음악에서는 높은 산 정상에서 장엄한 풍경을 바라보는 것을 떠올렸고, 의지가 점점 차오르면서 새로운 지혜를 안고 삶의 의미를 생성하는 데 헌신할 것을 다짐할 수 있었다.

5. 강평

참여자들은 음악을 감상하면서 이완을 했고, 자유로움을 느꼈다. 감상 초기에는 온전히 집중하는 것이 쉽지 않았는데, 회기를 거듭하면서 음악 안에서 휴식을 누리고 자신의 내면을 들여다볼 수 있었다. "음악을 들으면 한 인생이 다가온다."는 한 참여자의 소감처럼 음악이 어떻게 삶을 바꾸는 계기가 되며 힘을 주는지 생각해볼 수 있는 시간이었다.

이 챕터의 주제인 '삶'은 인생의 의미에 관한 것이다. 지금까지 추구했던 삶의 목표일 수도 있고, 다시 일어서는 것을 뜻할 수도 있으며, 여전히 계속되는 삶에 관한 이야기일 수도 있다. 어찌 됐든 음악이 불러일으키는 새로운 힘으로 행복에 조금 더 다가갈 수 있기를 기대한다. 삶은 그런 작은 북돋움으로 인해 계속 지켜갈 힘을 얻기 때문이다.

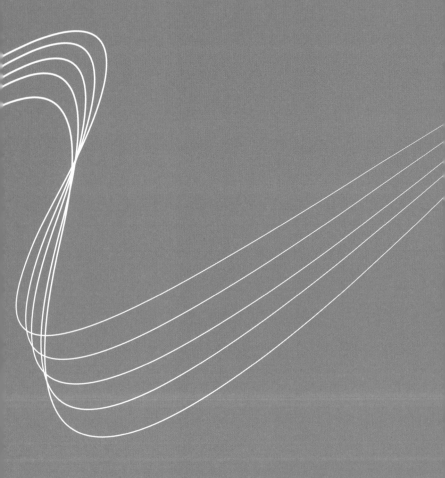

4부_ 삶life

삶은
그렇게
계속된다

음악과 에피소드/기억
음악은 우리 삶의 의미를
배가시키는 힘이 있다.

인생에
질문을 던지다

쇼팽 「스케르초 2번」

공자는 『논어』에서 자신의 일생을 반추하며 40세를 불혹不惑이라고 했다. 세상일에 미혹되지 않는다는 말이다. 아마도 많은 청춘들이 불확실한 미래에 불안해하며, 흔들리지 않는 상태를 동경할지도 모르겠다. 그런데 현실적으로 보면 아무리 나이가 들어도 삶은 여전히 물음표투성이이고 난제에 둘러싸여 있다. 인생의 영원한 의문을 해소할 수 없을 때 추천할 만한 곡이 바로 쇼팽의 「스케르초 2번Scherzo No. 2 in B-flat Minor」이다.

이 작품은 쇼팽이 작곡한 스케르초 중에서 가장 많이 연주되고 널리 알려진 곡이다. 쇼팽은 1836년부터 작곡을 시작해 스물일곱이 되던 1837년에 이 곡을 완성했던 것으로 추정된다. 당시 쇼팽은 1년 사이 사랑의 슬픔과 기쁨을 연이어 경험했는데, 그 경험이 작품 속에 고스란히 반영돼 있다. 치밀하고 견실한 구성을 갖춘, 일종의 소나타 형식의 곡으로 기교적인 부분은 물론이고 미묘한 감정선까지도 세심한 표현을 요구하는 어려운 곡이기도 하다. 슈만은 「스케르초 2번」을 "아주 매력적인 곡으로 감미로움과 대담함, 사랑스러움과 증오심으로 가득 차 있어서 바이런의 시와 비교할 만하다."라고 높이 평가했다.

이 작품은 인생에 질문을 던지는 듯한 도입부의 셋잇단음표와 그에 대한 응답인듯 매우 강한 옥타브의 화성적 진행으로 시작된다. 삶이란 어쩌면 그렇게 끊임없이 묻고 대답하는 과정인지도 모르겠다. 그것이 유쾌하지도 않고 때로는 고통스럽기도 하지만, 대가 없이 행복을 얻을 수 없기에 우리의 삶은 계속되는 것이리라.

　이 곡은 내가 대학 졸업 연주회에서 연주한 곡이다. 당시 유명한 피아노곡을 모은 CD 전집에서 라흐마니노프가 직접 연주한 「스케르초 2번」을 듣고 그 강렬함에 압도돼 한동안 충격에 빠질 정도였다. 지도교수님은 좀 더 스케일이 크고 테크닉적으로 화려한 곡을 연주하는 것이 좋겠다고 조언했지만, 결국 이 곡을 선정했다. 이 곡을 수천 번도 넘게 연습했는데, 인생에 대한 질문과 대답이라는 곡의 주제 의식에 크게 공감했기 때문이다. 인생의 전환점에서 느끼는 복잡한 심리적 갈등을 이 곡이 잘 대변해준다고 생각했다.

　여러분도 인생의 출발점에 서 있다면 이 곡을 듣고 반문해보기를 권한다. 삶은 자주 침묵하지만 영원히 대답이 없는 것은 아니니 말이다.

- 쇼팽 「스케르초 2번 *Scherzo No. 2 in B-flat Minor*」

- **형태: 피아노 독주곡**

- **제시문:** 질문을 주고받는 듯한 도입부를 지나면 감정의 물
  결이 요동치는 듯한 멜로디를 만나게 된다. 마치 거친 풍
  랑에 시달리는 배와 같다. 우리네 인생이 그러하듯 말이
  다. 밤새 격랑에 요동치다가 멀리서 보이는 등대의 불빛
  을 떠올려보자.

 같이 들으면 좋은 음악

　　고난과 극복이라는 테마를 다룬 곡인 로시니Gioacchino Rossini
의 「빌헬름 텔-서곡Overture from Wilhelm Tell」을 추천한다. 「서곡」
은 곡의 진행에 따라 「새벽」, 「폭풍」, 「정적」, 「스위스 군대의
행진」의 4부로 이루어져 있는데, 인생에 질문이 쌓이는 고통스

프란시스 실바 「일몰의 등대」

러운 터널을 지나는 사람이라면 희망이 존재한다는 위로를 받기에 충분한 작품이다. 도입부의 포르티시모 fortissimo로 힘차고 다이내믹하게 전개되는 리듬 패턴은 승리의 개가를 부를 순간이 다가오고 있음을 암시해준다.

새로운 인생이
시작됩니다

드보르자크 「신세계 교향곡」

"당신은 지금 행복한가요?"

이런 질문을 하는 이유는 팬데믹이 가져온 엄청난 파장을 겪으며, 행복의 의미가 새롭게 다가왔기 때문이다. 마테를링크 Maurice Maeterlinck의 『파랑새 L'Oiseau Bleu』의 결말처럼 행복은 가까이에 있을 수도 있지만, 낯선 곳에서 새롭게 시작하며 발견할 수도 있다.

적잖은 사람이 그러한 새 출발을 꿈꿀 텐데 음악가 중에서 대표적인 사례가 있다면 바로 드보르자크Antonín Dvořák다. 그는 미국에서 새롭게 음악 인생을 시작하며 큰 성공을 거뒀고, 「신세계 교향곡Symphony No. 9 in E Minor, from the New World」이란 작품으로 불멸의 영예를 얻었으니 말이다.

1891년은 드보르자크의 생애에서 대단히 중요한 의미를 지니는 해였다. 그는 이 해에 프라하 음악원의 작곡과 교수에 임명됐으며, 얼마 되지 않아 미국에서 음악원 원장 자리를 제의받았다. 거액의 보수를 제안받았지만, 고국을 떠나 낯선 땅에서 일하는 것은 쉽지 않은 결심이 필요했다. 「신세계 교향곡」의 원제가 「신세계로부터」임을 염두에 두면 이역만리 타국에서 작곡한 망향의 노래라는 점을 바로 알아차릴 수 있다.

미국의 광활한 자연과 대도시의 활기에 대한 주관적인 인상이 물씬 풍기는 이 작품은 목가적인 2악장도 아름답지만, 활기찬 시작을 선포하는 것 같은 4악장이 압권이다. 듣는 순간 자연스럽게 심장박동이 빨라지며 기운이 나기 때문이다. 마음이 다급해지지만, 곧 현악기의 화려한 팡파르로 위기가 사라지고 승리가 다가오는 기분을 느낄 수 있을 것이다.

「신세계 교향곡」은 체코적이면서 동시에 미국적인, 교향악 예술의 걸작이다. 다분히 국제적이고 보편적인 성격의 곡이라 시대를 넘어 사랑받는 클래식이 됐다. 이제 막 사회에 발을 내디딘 초년생이든, 새로운 인생을 준비하는 중년이든 지금 '신세계'를 꿈꾸고 있다면 이 곡을 듣고 행복에 한 걸음 더 다가가길 기대한다.

 그림과 함께 듣는 음악

· 드보르자크 「신세계 교향곡 *Symphony No. 9 in E Minor, from the New World*」

· **형태: 교향곡**

· **제시문:** 영화 「죠스」의 테마를 떠올리게 하는 선율이 우리를 긴장시킬 것이다. 여기서는 멀리서 다가오는 기차의 경적을 생각해보자. 급행열차가 쏜살같이 옆을 지나쳐 사라지듯, 우리를 지나가는 여러 심상에 마음을 집중해보자.

윌리엄 터너 「비, 증기 그리고 속도-그레이트 웨스턴 철도」

 같이 들으면 좋은 음악

새로운 시작이라는 의미에서 헨델의 「수상 음악Suite Water Music」을 추천한다. 하노버 선제후의 악장이었던 헨델은 영국에 여행을 갔다가 그곳에서 성공을 거두자 그대로 주저앉아 버린다. 문제는 얼마 후 영국 여왕이 후사 없이 사망했고 하노버 선제후가 영국 왕이 된 것이다. 이제 성공은 고사하고 자신의 안위가 경각에 달린 헨델은 왕실 뱃놀이에 사용할 음악을 정성껏 작곡했고 바로 이 「수상 음악」으로 왕의 노여움을 풀었다는 재미있는 일화가 전해진다. 「수상 음악」은 바로크음악의 속성을 다분히 담고 있어, 폭염이 내리쬐는 여름에 종종 선곡돼 청량함을 주는 악곡으로 유명하다. 새로운 음악 인생을 시작하는 데 이정표와 같은 음악이라는 점에서 같이 감상해 보면 좋을 것이다. 위기는 기회의 또 다른 말일지도 모르니 말이다.

가장 힘든 순간에 주어진
음악 선물

존 뉴턴 「어메이징 그레이스」

2015년 미국 사우스캐롤라이나주에서 발생한 총기 사건 희생자들의 장례식에서 오바마 대통령은 유명한 찬송가로 연설을 마무리했다. 바로 존 뉴턴John Newton의 「어메이징 그레이스Amazing Grace」다. 장례식에 참석한 모든 사람이 노래를 따라 부르며 큰 감동과 위로를 받았다.

4부 _ 삶 life

종교와 음악의 장르를 초월해 이제는 클래식이라고 할 정도로, 세계적으로 유명한 곡이고 수많은 음악가가 각자의 스타일로 연주한 곡이지만, 이 일화에서 흥미로운 점은 미국 최초의 흑인 대통령인 오바마가 이 노래를 불렀다는 것이다. 작사가 뉴턴은 악명 높은 노예 상인이었는데, 큰 폭풍을 만나 구사일생으로 목숨을 건진 후 성공회 사제가 된다. 그가 자신의 과거를 참회하며 쓴 곡이 바로 「어메이징 그레이스」다. 동명의 영화에서는 주인공 윌버포스가 뉴턴에게 감화를 받아 영국에서 노예 해방을 이끌어내는데, 영화의 주요한 테마 음악이 이 곡인 것은 너무나 당연하다. 그러니 오바마 대통령의 선곡에 의미를 부여하지 않을 수 없는 것이다.

　이 곡은 정작 영국에서는 주목받지 못했으나 1789년 미국에 소개된 후 널리 파급됐다. 특히 백인들에 의해 강제로 땅을 빼앗기고 학살당했던 인디언들이 많이 불렀다고 한다. 또한 미국 남북전쟁 때도 사망자를 추도하고 전쟁으로 상처받은 이들을 치유하는 곡으로 쓰였으며, 1960년대 흑인 민권 운동과 베트남전 반전 운동 때에도 널리 불렀다. 삶이 고단한 사람이라면 누구나 위로를 받을 수 있는 곡인 것이다. 가장 힘든 순간에 주어지는 선물과 같은 작품이다.

나에게 이 곡은 인생의 가장 고단한 시기였던 호주 유학 시절을 떠올리게 한다. 어느 날 어머니가 CD 한 장을 국제우편으로 보내주셨는데 신영옥의 「아베 마리아」라는 앨범이었다. 이 앨범의 처음과 마지막 곡이 바로 「어메이징 그레이스」였고, 영어 버전과 우리말 버전이 각각 실려 있었다. 마침 대학원 수업 시간에 교수님께서 힘이 되는 노래를 찾아보고, 음반을 가져와서 함께 감상하는 'CD 셰어링sharing' 과제를 내주셨는데, 나는 어머니가 보내주신 이 앨범을 소개했다. 특히 영어와 우리말을 모두 들려줬는데, 같이 수업을 듣는 호주 친구들에게 우리말 음악을 들려준 것은 처음이었다. 정말 선물 같은 음악이었다.

「어메이징 그레이스」는 말 그대로 힐링 음악이다. 원래 이 곡이 가지고 있는 힘에 더해 수많은 사연이 결합돼 만들어진 결과로, 많은 콘텐츠에서 다양하게 다룬 데다가 이 곡과 관련된 감동적인 경험을 한 사람도 많다. 이렇듯 음악의 힘은 곡이 가진 본래의 힘과 그것을 활용하는 사람의 경험이 합쳐져 만들어지는 것이다. 독자분들도 이 책에 나오는 곡을 통해 그런 경험을 가질 수 있기를 기대한다.

폴 세잔 「자 드 부팡의 연못」

그림과 함께 듣는 음악

- 존 뉴턴 「어메이징 그레이스 *Amazing Grace*」

- 형태: 성악곡

- 제시문: 이 곡은 긴장을 최대한 풀고 마음을 자유롭게 풀어 놓고 들으면 좋다. 이미 익숙한 멜로디이기 때문에 영화나 드라마의 장면이 떠오를 수도 있고, 추억에 빠질 수도 있다. 그것을 억지로 제어하기보다는 자유롭게 떠올리며 음악과 함께 마음이 흘러가는 대로 따라가 보자.

 같이 들으면 좋은 음악

들는 이에게 위안을 준다는 측면에서 모차르트의 「클라리넷 협주곡Clarinet Concerto in A Major」 2악장을 추천한다. 이 곡은 모차르트 최후의 협주곡이자 그의 최고 걸작 중 하나다. 힘든 순간을 견디기 위해 극적인 음악을 들을 수도 있지만, 차분한 음악으로 자신 안에 있는 정신적 역동을 다스리는 방법도 있다. 음악을 통해 그런 경험을 해보자.

다시 돌아오는
계절의 신비

비발디 「사계-봄」

    인생의 경로를 흔히 사계절에 비유한다. 탄생을 의미하는 봄에서 시작해, 여름의 성장기를 거치고, 가을의 성숙함을 지나, 겨울의 죽음으로 마무리되는 것이 상당히 유사하기 때문이다. 젊음을 가리키는 말이 청춘青春인 것도 같은 맥락이리라. 만물이 소생하는 봄의 풍경과 인생의 시작인 활기찬 청춘에 너무도 딱 맞는 고전음악이 있다. 바로 비발디Antonio Vivaldi 의 「사계Le Quattro Stagioni」 중 「봄Violin Concerto in E Major, No.1 La Primavera」이다.

「사계」는 열두 곡으로 구성된 「화성과 창의에의 시도 Il Cimento Dell'armonia e Dell'inventione」에서 앞의 네 곡을 묶어 부르는 제목이다. 이 곡의 특징 중 하나는 비발디가 직접 썼을 것으로 추정되는 소네트에 각각의 음악이 그리는 광경이 자세하게 묘사돼 있다는 것이다. 이러한 회화적이고 표제음악적인 요소 덕분에 듣는 이들에게 여전히 감동과 영감을 불러일으킨다. 우리가 음악을 집중해서 들을 때 작동하는 다양한 경험 중에 가장 중요한 축을 형성하는 것이 시각적인 심상 경험이다. 음악 심상치료에서는 음악감상 후 경험을 프로세싱할 때 시각적 조망을 위해 만다라 작업을 하기도 한다. 이 곡을 들으면 어떤 이미지가 떠오르는가?

"따뜻한 봄이 왔다. 새들은 즐겁게 아침을 노래하고 시냇물은 부드럽게 속삭이며 흐른다. 갑자기 하늘에 검은 구름이 몰려와 번개가 소란을 피운다. 어느덧 구름은 걷히고 다시 아늑한 봄의 분위기 속에 노래가 시작된다."

이러한 소네트가 생소할지라도 우리에게 친숙한 「봄」의 주제는 비슷한 광경을 떠올리게 만든다. 이 내용을 생각하고 듣는다면 오케스트레이션이 얼마나 섬세한지 더욱 감탄하게 될 것이다.

가톨릭 사제였던 비발디는 원체 병약해서 자신의 임무에 충실할 수 없었다. 대신 음악에 대한 열정과 능력을 인정받아 고아원의 음악 교사로 활동한 덕분에 수많은 작품을 남길 수 있었다. 아직 우리의 봄은 오지 않았을 뿐인지도 모른다. 다시 돌아오는 계절의 신비처럼 봄을 기다려보자.

 그림과 함께 듣는 음악

· 비발디 「사계 - 봄 *Violin Concerto in E Major, No.1 La Primavera from Le Quattro Stagioni*」

· 형태: 관현악곡

· 제시문: 봄이라고 하면 자연스럽게 꽃이 피고 활기 넘치는 풍경이 떠오른다. 그래서 오히려 이런 봄을 맞이하기 위해 어려움을 통과하는 과정을 생각해보는 것도 좋을 것이다.

윌리엄 브루스 「봄」

겨우내 얼었던 냇물이 마침내 녹아 흐르기 시작하면서 내는 생기 넘치는 소리에 귀를 기울여보자.

 같이 들으면 좋은 음악

비발디의 「사계」 중 「겨울Violin Concerto No.4 F Minor, L'inverno」을 추천한다. 「봄」을 통해 새로운 시작과 활기를 얻었다면, 봄이 오기까지 견디고 참아내는 노력도 필요하다. "얼어붙을 듯이 차가운 겨울. 산과 들은 눈으로 뒤덮이고 바람은 나뭇가지를 잡아 흔든다."는 소네트처럼 칼바람 같은 선율이 피부를 휘감고 지나간다. 이것을 감내하기 위한 마음의 준비를 하며 다시 올 봄을 기다려보자.

불행 끝
행복 시작

베토벤 「합창 교향곡-환희의 송가」

브렉시트로 영국이 EU를 탈퇴하며 균열의 조짐이 보이고 있지만, EU는 경제적으로나 외교적으로나 여전히 강력한 공동체다. 이 거대한 국가연합을 상징하는 노래가 바로 베토벤 「합창 교향곡Symphony No. 9, Choral」 4악장에 나오는 「환희의 송가An die Freude」다. 인류의 우애와 단결을 북돋우는 내용을 담고 있어서

다. 우리나라에서는 연말 공연의 전형적인 레퍼토리로 자리 잡았는데, 묵은해를 보내고 새해를 시작한다는 의미에 잘 어울리기 때문인 듯하다. 클래식을 잘 모르는 사람도 멜로디를 바로 흥얼거릴 수 있을 정도도 유명한 곡이기도 하다.

　독일의 시인 실러Friedrich Schiller의 시에 곡을 붙인 합창이 나오는 까닭에 「합창」이란 부제를 달고 있는 이 작품은 베토벤이 완성한 마지막 교향곡이자 오랜 세월에 걸쳐 작곡한 역작이기도 하다. 합창단원 그레브너는 "한 악장이 끝날 때마다 한 남자가 베토벤에게 다가가 어깨를 돌려 청중석 쪽을 가리켰다. 관객들이 박수를 치는 모습과 손수건이 휘날리는 광경을 보고 그는 머리를 숙였고, 그러면 더 큰 함성이 일었다."라고 첫 공연을 회상했는데, 당시 베토벤은 청력을 완전히 상실한 상태였다. 그런 그가 전 인류를 감동시키는 환희에 관한 곡을 썼다는 사실이 아이러니하다. '모든 인간은 한 형제'라는 메시지를 통해 청중과 연주가, 작곡가 모두를 하나로 만들었을 뿐만 아니라 '불행 끝 행복 시작'이라는 말에도 어울리는 곡이라 할 수 있다.

　「환희의 송가」가 주는 이러한 감동은 "모든 사람은 서로 포옹하라!"라는 가사에 있는지도 모른다. 단순히 난관을 극복해낸 개인의 이야기를 넘어, 인류 전체가 합심하여 기쁨을 누리는 이상향을 보여주기 때문이다. 힘겹고 어려운 순간에 누군가가 내미는 위로의 손길만큼 큰 힘이 되는 것이 있을까? 스포츠 경기에서 승리했을 때 감격에 겨워 얼싸안고 기쁨을 나누는 정도의 격렬함은 아니더라도, 어깨를 가볍게 토닥이며 손을 꼭 잡는 위로 역시 "모든 사람은 서로 포옹하라!"라는 가사에 딱 맞는 행동이라고 확신한다.

 그림과 함께 듣는 음악

- 베토벤 「합창 교향곡-환희의 송가 *An die Freude from Symphony No. 9, Choral*」
- 형태: 교향곡
- 제시문: 요동치는 듯한 오케스트라의 연주가 멈춘 순간, "오 친구여, 이런 소리가 아니다! 더욱 즐겁고 희망찬 노래를 부르자."라는 독창이 들린다. 그리고 이어지는 웅장한 합창에 자연스럽게 마음을 맡겨보자. 어린 시절 음악 시간에 합창을 연습하던 기억을 떠올리는 것도 좋겠다.

앙리 브래캘레르「음악 수업」

「환희의 송가」와 같이 희망에 가득 찬 노래로, 베르디의 오페라 「아이다Aida」에 나오는 「개선행진곡Triumphal March」을 추천한다. 「아이다」는 1869년 수에즈 운하의 개통을 기념해 카이로에 세운 오페라 극장에서 상연하기 위해 작곡된 오페라다. 이중 「개선행진곡」은 그 웅대함으로 널리 알려진 곡이다. 인생의 굴곡을 넘어 희망을 안고 새로운 시작을 기대한다면 이 곡을 듣고 힘을 얻기를 바란다.

천사의 노랫소리가
이와 같지 않을까?

엔니오 모리코네 「가브리엘의 오보에」

한 방송 예능 프로그램에 나와 전 국민의 사랑을 받은 곡이 있다. 「남자의 자격」에서 합창난이 부른 「넬라 판타지아Nella Fantasia」라는 곡으로, 제목만 들어도 주제 멜로디가 바로 머리에 떠오를 정도다. 다양한 배경을 가진 사람들이 모여 우여곡절 끝에 아름다운 화음을 만들어낸 방송 에피소드는 서정적인 선율과 함께 많은 사람의 기억 속에 남아 있다.

이 악곡은 원래 영화 「미션The Mission」에서 주인공 가브리엘 신부가 밀림에 들어가 원주민을 처음 만나는 장면에 나온 기악곡을 성악곡으로 편곡한 것이다. 활을 들고 위협하는 원주민에게 가브리엘 신부가 오보에 연주를 들려주는데, 그 아름다운 선율에 원주민들이 마음을 조금씩 열게 된다. 그래서 이 곡을 「가브리엘의 오보에Gabriel's Oboe」라고 한다. 『성경』에 나오는 이름으로 세례명을 짓는 관습을 염두에 두고 지은 주인공 이름일 테고 가브리엘이 천사의 이름이라는 것을 생각한다면, 이 아름다운 선율이 천사의 노랫소리 같다는 것도 지나친 과장은 아닐 것이다.

오보에는 인간의 목소리와 가장 닮은 악기로 알려져 있기에 언어가 통하지 않는 사람들에게 메시지를 전하러 온 신부에게는 최선의 소통 방법으로 보인다. 이것은 오케스트라가 합주 전 조율을 할 때, 기준 음 A를 오보에가 부는 것과도 무관해 보이지 않는다. 소통이라는 측면이 그러하니, 오보에의 목가적인 선율이 주는 힐링의 에너지는 여기에서 비롯되지 않았을까 추측해본다.

소설가 세르반테스Miguel de Cervantes는 "노래하는 자는 질병도 달아나게 한다He who sings frightens away his ills."라고 말했다. 이 말처럼 엔니오 모리코네Ennio Morricone의 「가브리엘의 오보에」의 선율은 음악이 가진 치유의 힘을 잘 드러내준다. 천사의 노랫소리가 마치 이와 같지 않을까?

 그림과 함께 듣는 음악

- 엔니오 모리코네 「가브리엘의 오보에Gabriel's Oboe」
- 형태: 관현악곡
- 제시문: 조용히 속삭이는 듯한 오보에의 선율을 들으면 자연스럽게 마음이 편안해진다. 인간의 목소리를 닮은 오보에가 마치 "괜찮다."라고 다독여주는 것 같은 이 곡을 들으며 자신을 온전히 맡기고 마음속 심상을 확장해보자.

 같이 들으면 좋은 음악

러시아 민요에서 영감을 받아 작곡한 차이콥스키Pyotr Ilich Tchaikovsky의 「안단테 칸타빌레String Quartet No. 1 in D Major, 2nd

조르주 쇠라 「강물에서 수영과 백마」

Andante Cantabile」를 추천한다. '느리게 노래하듯이'라는 제목처럼 현악기로 애잔한 선율을 연주하며, 「가브리엘의 오보에」와 분위기가 비슷하면서도 포근한 느낌으로 다가온다. 슬픔의 감정이 있지만 따뜻한 위안을 받을 수 있는 이 아름다운 작품을 함께 들어보자.

당신의 생일을
축하합니다

코렐리 「크리스마스 협주곡」

모든 삶에서는 시작이 있다. 그리고 우리는 그날을 축하하기 마련이다. 더 나아가 개인의 생일이 아닌 위인이나 성인의 탄생을 기념하기 위한 축제를 벌이기도 한다. 크리스마스는 그러한 축제 중 가장 유명하고 성대한 날일 것이다. 크리스마스와 관련된 음악으로 보통은 캐럴을 많이 떠올리지만, 종교 행사뿐만 아니라 일반 공연에서도 자주 연주하는 코렐리Arcangelo Corelli의 「크리스마스 협주곡Concerto Grosso "Christmas Concerto" in G Minor」도 사랑받는 작품 중 하나다.

두 개의 바이올린과 첼로로 이루어진 독주와 현악합주를 위해서 쓴 곡이 합주협주곡인데, 이 형식은 코렐리에 의해서 완성됐다. 열두 곡으로 이루어진 「합주협주곡집」 가운데 8번을 흔히 「크리스마스 협주곡」이라 부른다. 원래는 5악장으로 된 곡이었으나 작곡가 자신이 맨 뒤에 그리스도의 탄생을 상징하는 파스토랄pastoral을 곁들이고 "성탄의 밤을 위하여 쓴 협주곡"이라고 기록한 데서 이와 같은 이름이 붙었다. 6악장의 구성으로 마지막 악장의 사장조 이외는 모두 사단조인 게 특징이다.

전곡이 모두 아름답지만 그중 3악장과 6악장을 꼭 들어보길 권한다. 3악장은 두 바이올린 선율이 문답하는 것으로 시작해 리듬이 악상에 변화를 준다. 중간부터는 대조적인 악상을 활발하게 연주하는데, 다이내믹한 선율이 인상적이다. 6악장은 사장조로 바뀌어 갑자기 느낌이 밝아진다. 당시 로마에서는 목동들이 시칠리아의 목가를 일종의 백파이프로 불면서 크리스마스를 축복하는 관습이 있었다. 이것을 반영해 파스토랄레pastorale, 즉 전원곡이 추가됐다.

흔히 크리스마스에 대한 비판 중의 하나가 예수 그리스도의 탄생을 기념하는 의미는 사라지고 상업적으로 변질됐다는 것이다. 어쩌면 우리도 삶의 시작을 기념하는 생일의 본래 의미를 잊고 사는 게 아닌지 모르겠다. 아무튼 당신의 생일을 축하한다. 선물을 주고받고, 식사를 하는 게 중요한 것이 아니라 우리의 출발점을 되돌아보고 앞으로 나아갈 길을 조망하는 시간이 되기를 기원하면서 말이다.

 그림과 함께 듣는 음악

- 코렐리 「크리스마스 협주곡 *Concerto Grosso "Christmas Concerto" in G Minor*」
- 형태: 관현악곡
- 제시문: 크리스마스 축제로 시작해 전원적인 목가로 끝나는 이 곡과 딱 어울리는 그림이다. 추운 겨울 눈 덮인 가지 아래 옹기종기 모여 있는 양 떼의 처지를 마음속에 떠올려보자. 두툼하기는 하지만 추위를 다 막지 못하는 양털 사이로 들어온 한기가 은은한 햇살에 사그라지고 있다. 당신의 마음속에도 온기가 전해지길 기대한다.

조지프 파쿼슨 「눈 덮인 가지 아래」

바흐의 「사냥 칸타타Hunting Cantata BWV 208」 중 「양들은 한가로이 풀을 뜯고Sheep May Safely Graze」를 추천한다. 이 목가적인 곡은 듣는 이의 마음에 한가로움과 여유를 풍성히 안겨준다. 파스토랄과 유사성도 있지만, 크리스마스 축제가 가진 풍성함과 그로 인한 감사를 되새기기에 적합한 곡이다.

감사와 기쁨이
넘치는 시간

그리그 「요람에서」

시벨리우스 「스카라무슈」

시크릿 가든 「셀러브레이션」

◇

◇

'삶'이라는 주제로 음악감상을 시작해보자.

1. 가치 카드 고르기

열 개의 가치 카드 중 하나를 골라보자.

아름다움 *Beauty*	탄생 *Birth*	긍휼 *Compassion*
기쁨 *Joy*	빛 *Light*	감사 *Gratitude*
은총 *Grace*	놀이 *Play*	단순성 *Simplicity*
부드러움 *Tenderness*		

2. 이완

최대한 음악에 집중할 수 있는 환경을 구성하고, 심호흡과 스트레칭으로 신체의 긴장을 풀고 음악을 감상하자.

3. 음악 듣기

다음에 제시된 세 곡을 연속으로 듣는다.

그리그 *Edvard Grieg*

「요람에서 *At the Cradle*」

제목에서 알 수 있듯이 자장가처럼 잔잔한 곡으로, 그리그의 소품으로 널리 사랑받고 있다. 아기에게 자장가를 들려주면 코르티솔 분비를 활성화해 마음을 진정시키는 효과를 준다. 요람의 노래를 들으며 엄마의 품과 같은 안온함을 느껴보자.

시벨리우스 *Jean Sibelius*

「**스카라무슈** *Scaramouche*」

스카라무슈는 이탈리아의 유명한 광대의 이름으로 이제는 광대의 대명사가 됐다. 유쾌한 기분을 느낄 수 있는 작품이다.

시크릿 가든 *Secret Garden*

「**셀러브레이션** *Celebration*」

우리나라에서 큰 사랑을 받았던 뉴에이지 그룹 시크릿 가든의 인기곡 중 하나다. 제목 그대로 기쁜 일을 축하하는 감정이 잘 느껴진다.

4. 감상 정리하기

감사·· 매일매일 반복되는 일상에서도 즐거움을 찾기 위해 노력한다는 한 참여자는 첫 번째 음악에서는 하얗고 투명한 넓은 바다를 혼자서 조용히 걷는 느낌이 들었고 두 번째 음악에서는 파릇파릇한 숲속으로 걸어가 잔잔한 호숫가에서 발장구치는 이미지가 생각났다. 세 번째 음악에서는 큰 광장에서 다양한 인종의 사람들이 함께 어우러져서 축제를 즐기는 듯한 모습이 떠올랐다.

기쁨·· 코로나에 걸렸지만 별 탈 없이 치유 중인 것에 감사하고 있는 다른 참여자는 이 곡들을 들으며 산에 오르는 듯한 기분을 느꼈다. 첫 번째 음악에서는 힘겹게 산을 오르지만 살랑살랑 부는 바람 덕분에 상쾌하다는 느낌이 들었고 두 번째 음악에서는 잔잔한 평지를 오르다가 잠시 휴식을 가지는 시간이 떠올랐다. 햇빛은 따사롭고 자연의 소리가 귓가에 머물렀다. 세 번째 음악에서는 마지막 정상까지 온 힘을 다해 올라가며 성취했다는 감사와 기쁨을 느꼈다.

5. 강평

같은 음악을 들어도 느끼는 점은 조금씩 다를 수밖에서 없고, 특히 '내가 좋아하는 장소'를 떠올리며 음악감상을 유도했을 때는 개인의 경험에 따라 반응이 천차만별이다. 음악치료에서 그룹 음악과 심상을 적용할 때는 음악치료사와 참여자 간의 언어적 프로세싱을 통해 자아 탐색의 과정을 심화한다. 각자 자신의 감상과 다른 사람의 느낌을 비교해보면서 자신의 내면을 차분히 들여다보자. 어쩌면 잊고 있었던 과거의 소중한 추억과 만나게 될지도 모른다.

코로나19로 인한 냉혹한 팬데믹 상황에서는 '사회적 거리 두기' 이상의 영원한 이별로 인한 아픔도 적지 않다. 연일 증가하는 사망자의 숫자가 우리로 하여금 감염에 대한 공포를 넘어 '죽음' 자체를 고민하게 만든다. 삶과 죽음을 동전의 양면이라고 하지만 죽음을 터부시하면서 무겁게 여기곤 한다. 하지만 언젠가는 맞이할 인생의 마지막을 어떻게 받아들이고 극복해야 할지 고민할 필요가 있다. 인생의 마지막 종착지인 죽음을 평화와 안식으로 받아들일 수 있도록 도움을 주는 음악을 들어보자.

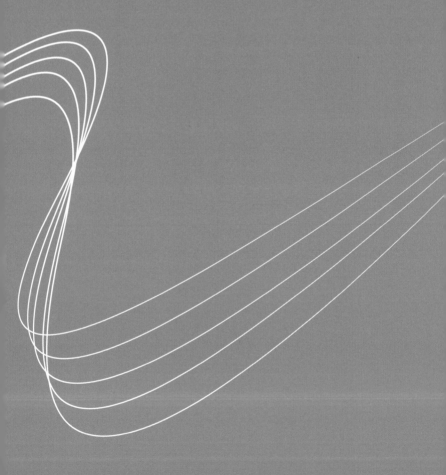

인생의
마지막
종착지

음악과 서사, 의미/화성, 음량

음악의 서사와 다이내믹은
삶을 통합한다.

운명은
이렇게 문을 두드린다

베토벤 「운명 교향곡」

사랑과 죽음은 예술 작품의 영원한 테마 중 하나다. 사랑은 친근히 다가오는 반면 죽음은 받아들이기 쉽지 않은 주제다. 하지만 유명한 라틴어 격언 "메멘토 모리Memento Mori(죽음을 기억하라)"처럼, 우리는 죽음을 삶의 일부로 받아들일 필요가 있다. 너무도 당연한 말이지만, 누구나 언젠가는 죽기 때문이다.

죽음을 주제로 한 여러 작품 가운데 베토벤의 「운명 교향곡 Symphony No. 5 in C Minor」은 깊은 감동을 주는 배경이 있다. 베토벤이 동생에게 남긴 편지인 「하일리겐슈타트 유서」에서 볼 수 있듯이 청각을 잃어가는 베토벤의 상황은 심각했다. 그러니 죽음에 대한 고민이 담겨 있지 않을 수 없었다.

이 곡을 작곡할 당시 30대 중반이었던 베토벤은 큰 시련을 겪고 있었다. 귀가 점점 나빠지고 있었고, 나폴레옹이 빈을 점령하는 등 세상도 혼란스러운 시기였다. 작곡가가 이 교향곡을 통해 운명을 극복하는 인간의 의지와 환희를 그렸다고 해석하는 것이 타당해 보인다.

교향곡의 전체 구성을 살펴보면 1악장에서는 시련과 고뇌가, 2악장에서는 다시 찾은 평온함이, 3악장에서는 쉼 없는 열정이, 4악장에서는 정점에 도달한 자의 환희가 느껴진다. 고전음악의 정수이자 클래식이 익숙지 않은 사람에게도 같은 감동을 주기에 불후의 명곡으로 남아 있다.

진위에 대해서는 다소 논란이 있지만 '운명은 이렇게 문을 두드린다.'는 의미의 1악장의 주제를 들어보자. 내가 의식하지 못하는 사이 삶에 침투해 들어와 거친 격랑을 일으키는 운명에 어떻게 맞서야 할지 답이 그려지는 음악이다.

　남의 큰 불행보다 자신의 작은 아픔이 더 힘겹게 느껴지기 마련이다. 하지만 가끔은 다른 사람의 불행과 극복을 보면서 어려움을 이겨낼 용기를 얻기도 한다. 베토벤은 청각을 상실했지만 머릿속에 새로운 멜로디가 그치지 않았기에 작곡을 계속할 수 있었다. 하지만 정작 본인은 제대로 들을 수 없었으니 그 고통은 상상을 초월할 것이다. 가혹한 운명을 이겨낸 베토벤은 그 삶 자체로도 충분히 감동적이지만 시대를 넘어 여전히 최고로 평가받는 음악을 우리에게 남겼다.

　지금 문밖에서 누군가 문을 두드리고 있다. 두려운가? 알지 못하는 것, 원하는 대로 통제할 수 없는 것에 대한 두려움은 누구나 마찬가지다. 하지만 문을 열 용기가 없다면 두려움에서 헤쳐나올 수 없다. 이제 문을 열어보자.

그림과 함께 듣는 음악

- 베토벤 「운명 교향곡 *Symphony No. 5 in C Minor*」

- 형태: 교향곡

- 제시문: 당신을 둘러싼 운명은 그림처럼 짙은 안개일지도 모른다. 더군다나 환경이 주는 압박의 대부분은 사람 사이의 관계에서 발생하는 것이기 쉽다. 갈등을 피하고 싶어도 언제까지 도망칠 수는 없다. 안개 바다 속으로 운명이라는 힘겨운 첫걸음을 결연히 내딛어보자.

 같이 들으면 좋은 음악

고전음악을 대표하는 곡이라 이 작품의 영향을 받은 곡이 많고 그것을 표방하는 작곡가들도 있지만 차이콥스키의 「교향곡 4번 Symphony No.4 in F Minor」을 추천하려 한다. 차이콥스키의 인생에서 가장 힘겨운 시기를 겪어낸 후 발표한 작품이고 이 작품을 '차이콥스키의 운명 교향곡'이라고 부를 정도로 유사성이 많기 때문이다. 잔혹하고 압도적인 운명의 힘 앞에 절망하고 체념할 수밖에 없는 인간의 나약함을 드라마틱하게 묘사하

카스파르 프리드리히 「안개 바다 위의 방랑자」

고 있는 1악장부터 그러하지만, 문을 두드리는 테마를 연상시키는 선율로 끝나는 피날레는 운명 앞에 굴복하지 않고 마침내 승리하는 희열을 만끽하게 해줄 것이다.

지금 슬픈 당신에게 내미는
눈물의 위로

에릭 클랩튼 「티어스 인 헤븐」

    풍부한 사운드와 화려한 연주가 주는 감동은 적지 않다. 콘서트장을 열광하게 만드는 힘이 바로 그것이다. 때로는 잔잔한 어쿠스틱 반주에 목소리 하나만으로도 큰 감동을 받을 때가 있다. 미국 MTV에서 유명 가수들의 언플러그드 공연을 방송했을 때도 뜨거운 반응을 일으킨 경우가 많다. 그 시작 중 하

나가 에릭 클랩튼Eric Clapton의 「티어스 인 헤븐Tears in Heaven」이
다. 화려한 연주로 손꼽히는 에릭 클랩튼의 절제된 공연에 모
두가 눈물을 흘릴 수밖에 없었던 까닭에는 이 노래가 실제 사
연을 바탕으로 했기 때문이다.

불우했던 어린 시절과 세기의 스캔들로 가슴앓이를 하던 클
랩튼은 행복한 가정을 꾸리는가 싶었는데, 네 살짜리 아들을
불의의 사고로 잃고 말았다. 아들의 죽음 앞에 오열하던 그는
그 모든 슬픔을 담담히 멜로디에 담아 1992년 「티어스 인 헤
븐」을 발표했다. 담백한 기타 연주와 화려한 기교를 배제한 클
랩튼의 억제된 보컬이 가슴을 적시는 작품이다. 그는 상실의
슬픔을 잊으려 노력하는 것에 머무르지 않고 오히려 자연스럽
게 마주해 극복하고자 했다. 이 곡은 지금 슬픈 당신에게 내미
는 눈물의 위로인 셈이다.

뇌하수체 전엽에서 분비되는 유즙 분비 자극 호르몬인 프로
락틴은 슬픈 멜로디를 들으면 활성화되는데, 이는 위안과 평안
을 주는 경향이 있다. 이 곡이 주는 위로의 힘은 사랑하는 사람
을 잃은 슬픔과 그리움을 바탕으로 이런 기제가 작동하기 때
문일 것이다.

「티어스 인 헤븐」은 클랩튼에게 세계적인 명성을 안겨준 곡

이지만, 가장 아픈 기억과 관련된 곡이다. 아픔을 달래고 치유하는 음악의 힘에 관해 이야기할 때 참고가 되는 사례이기도 하다. 음악을 감상하다 보면 때론 음악뿐만 아니라 작곡가나 연주자의 삶을 돌아볼 때가 있다. 마찬가지로 우리의 삶도 음악에 의해 다시 해석되기도 한다. 독자분들 또한 음악감상을 통해 새로운 삶의 해석을 얻기를 기대하는 바다.

 그림과 함께 듣는 음악

· **에릭 클랩튼 「티어스 인 헤븐**_Tears in Heaven_**」**

· **형태: 팝**

· **제시문:** 천국에서 다시 만난다면 자신의 이름을 기억할지 Would you know my name, if I saw you in heaven?, 이전과는 변함없는 모습일지Would it be the same, if I saw you in heaven? 묻는 가사에 집중하며, 그리운 사람에 대한 기억을 떠올려보자. 그림처럼 가장 소중했던 풍경을 한번 떠올려보자.

베르트 모리조 「발코니에서」

라벨Maurice Ravel의 「죽은 왕녀를 위한 파반Pavane pour une Infante Défunte」을 추천한다. "이전 시대 스페인 궁전에서 춤을 추었을 어느 어린 왕녀를 위한 기억"이라고 라벨이 설명했 듯 아련한 느낌을 주는 작품이다. 죽은 이를 그린다는 점에서 「티어스 인 헤븐」과 일맥상통한 이 곡은 슬픔에 깊게 빠지기 보다는 추억을 통해 떠난 사람을 그리고, 차츰 극복하는 과정 을 보여준다. 빼어나게 아름다운 선율을 지닌 두 곡을 함께 들 어보자.

달콤한
꿈을 꾸었네

슈베르트 「겨울 나그네-보리수」

　추운 겨울, 사랑에 실패한 청년이 연인의 집 앞에서 이별을 고하고 눈과 얼음으로 뒤덮인 들판으로 방랑의 길을 떠난다. 뭔가 불길한 일이 엄습할 것만 같은 이 내용은 슈베르트Franz Schubert의 연가곡 「겨울 나그네Die Winterreise」의 줄거리다. '겨울 나그네'라는 제목 자체에서 추위와 힘듦이 느껴지고 어딘지 모르게 죽음의 그림자가 어른거리는 것 같다.

총 24개의 가곡으로 이루어진 「겨울 나그네」는 슈베르트의 대표적인 연가곡으로 하나의 이야기를 이루는 완결적 구성체를 가진 모음곡이다. 따라서 작품을 이어서 들으면 마치 한 편의 영화를 보는 듯한 느낌을 받게 된다.

"성문 앞 우물가에 서 있는 한 그루 보리수, 나는 그 그늘에서 꿈을 꾸었다. 갖가지 달콤한 꿈을."

이 작품 중 가장 많은 사랑을 받는 곡은 「보리수Der Lindenbaum」다. 음산한 곡 사이에서 포근하고 따뜻한 느낌을 주는 이 곡은 달콤한 꿈을 꾸었다는 독백처럼 아련하게 다가온다. 특히 나뭇잎이 바람결에 흔들리며 햇빛을 반사하는 모습을 그리는 듯한 피아노 반주는 이 작품의 백미다. 물론 이것이 얼마나 연약한 꿈이며 쉽게 깨지는지 누구나 짐작할 수 있다. 추위와 배고픔에 지쳐 보이는 환상일지라도 누구에게나 한때의 행복했던 추억은 있지 않을까? 그 덕분에 우리가 살아갈 수 있는 것이다.

이 곡을 들은 친구 슈파운Joseph von Spaun은 "우울한 분위기 때문에 할 말을 잊었다."라는 기록을 남겼다. 곧 이어질 슈베르트의 죽음과 무관하지 않을 정도로 우울한 정서가 작품을 뒤덮고 있다. 그럼에도 불구하고 이 작품이 시대를 넘어 꾸준히 사랑받는 것은 「보리수」와 같은 달콤한 꿈이 남아 있기 때문이 아닐까? 인생이 힘겨울수록 마음에 품은 꿈 하나가 버팀목이 된다.

 그림과 함께 듣는 음악

• 슈베르트 「겨울 나그네-보리수 *Der Lindenbaum from Die Winterreise*」

• 형태: 성악곡

• 제시문: 화창한 날씨, 하늘을 떠도는 구름, 아름드리나무, 그 그늘에 누워 쉬는 우리. 이런 모습만큼 평화와 안식을 주는 장면이 또 있을까? 이 곡을 듣는 동안 그런 기쁨을 누릴 수 있다면 좋겠다. 얼핏 지나가는 불길한 그림자를 무시할 수는 없지만 말이다. 백일몽에서 깨더라도 우리에게는 아직 희망이 남아 있다.

알프레드 시슬레 「생제르맹 베르사유의 길」

　슈베르트 「겨울 나그네」 중 「거리의 악사Der Leiermann」를 추천한다. "노인이여, 저와 함께 가시지 않겠습니까? 제 노래에 맞춰 손풍금을 연주해주지 않겠습니까?"라는 마지막 가사는 애절함의 극치로, 음악의 힘을 되새길 수 있다. 가장 절망적인 순간조차 놓을 수 없는 음악이 인생이라는 거친 길에 믿을 만한 동반자가 되어주기 때문이다.

전쟁 없는 세상을
기원하며

홀스트 「행성」

　많은 전문가의 예상을 깨고 러시아와 우크라이나 사이에 시작된 전쟁이 끝날 줄을 모른다. 자국의 이익을 위한 협상용 카드라고 생각했던 군사 행동이 단순한 으름장이 아니었고, 그 때문에 생명을 잃은 선량한 민간인들이 있기에 무척이나 마음 아픈 일이다. 더군다나 우리나라는 아직 분단국가이고 수시로 남북 간의 군사적 긴장이 고조되는 상황이기에 남의 일처럼 생각할 수가 없다.

예전에 자동차 백미러에 많이 달려 있던 소녀가 기도하는 그림과 '오늘도 무사히'라는 문구가 떠오르는 요즈음이다. 우리 주변에는 많은 위험이 산재해 있다. 교통사고 같은 불의의 재난도 있지만, 언제 직장에서 해고될지 모른다는 불안감이나 묻지마범죄의 대상이 될 수 있다는 두려움도 적지 않다.

이런 비극이 다시는 반복되지 않기를 바라며 전쟁에 관한 음악을 들어보려 한다. 1970년대 존 레논John Lennon이 「이매진Imagine」라는 노래로 베트남 전쟁과 폭력을 비판하는 여러 나라의 목소리를 하나로 연결하며 평화를 촉구했는데, 이처럼 직접적으로 전쟁을 묘사하지 않고도 음악을 통해 화해의 메시지를 전달하는 것이 가능하다. 우리의 일상을 위협하는 모든 것으로부터 안전을 기원하는 의미로 홀스트Gustav Holst의 「행성The Planets」을 감상해보자.

홀스트는 영국의 근대음악을 대표하는 작곡가 중 한 명으로, 이 작품은 제1차 세계대전 개전 직전에 쓰기 시작해 종전 직전에 초연됐다. 「행성」에 포함된 일곱 개의 곡에는 태양계의 행성에서 유래한 제목이 붙어 있는데, 천문학보다는 신화와 관련된 각 행성의 이름에서 비롯됐다.

첫 번째 곡은 「화성, 전쟁의 전령Mars, the Bringer of War」으로 노도와 같이 밀려드는 흐름, 비장미 넘치는 선율, 파국적인 굉음과 함께 붕괴되는 결말에 이르기까지 실로 전쟁의 기운을 연상시키는 긴박감과 처절함으로 점철된 곡이다. 감정의 모든 스펙트럼을 담고 있는 이 모음곡에서 분노의 표출을 잘 드러낸다.

이어지는 「금성, 평화의 전령Venus, the Bringer of Peace」, 「수성, 날개 단 전령Mercury, the Winged Messenger」, 「목성, 쾌락의 전령Jupiter, the Bringer of Jollity」, 「토성, 노년의 전령Saturn, the Bringer of Old Age」, 「천왕성, 마법사Uranus, the Magician」, 「해왕성, 신비주의자Neptune, the Mystic」를 들으면 '유년 시절부터 노년 시절까지 펼쳐지는 인간의 삶'을 그리고 있다고 말한 작곡가의 의도를 온전히 느낄 수 있다. 「행성」은 홀스트의 풍부한 상상력과 탁월한 관현악 기법이 십분 발휘된 회심의 역작이다.

2022년 반 클라이번 국제 콩쿠르에서 우리의 주목을 끈 연주자는 임윤찬이었지만, 그에 못지않게 인상적이었던 연주자는 2등과 3등을 한 러시아와 우크라이나 출신 연주자였다. 전쟁으로 차이콥스키 국제 음악 콩쿠르가 퇴출되면서 반 클라이번 국제 콩쿠르로 출전자가 몰릴 수밖에 없었는데, 전쟁 중인 두 국가의 촉망받는 두 명의 피아니스트가 맞붙은 것이다. 현실은 냉혹한 살육이 이어지는 전쟁 중이라도 음악은 여전히 평화와 조화를 이루어낼 수 있다. 바람이 있다면 그 힘이 현실에도 이어져 이 땅에 평화가 오기를 바랄 뿐이다. 오늘 하루도 무사하길 기도한다.

 그림과 함께 듣는 음악

- **홀스트 「행성** *The Planets***」**
- **형태: 관현악곡**
- **제시문:** 어떤 나라에서는 길조라고도 하지만 대체로 까마귀는 불행을 예고하는 새로 받아들여진다. 잔뜩 찌푸린 하늘을 나는 까마귀 떼를 보고 있으면 곧 문제가 생길 것 같은 위기감이 커질 수밖에 없다. 하지만 음악에 계속 귀를 기울여보자. 「뉴스데스크」 시그널로 쓰였던 「목성」을 들으면, 「화성」을 들으면서 위기감으로 억눌렸던 감정이 유쾌한 기분으로 변하는 것을 느끼게 될 것이다.

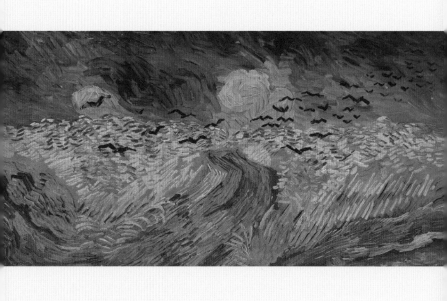

빈센트 반 고흐 「까마귀가 나는 밀밭」

전쟁이나 재난 모두 큰 불행이지만, 거대한 강물의 물줄기로 비유하면 잠시 일렁이는 거품일 수 있다. 그래서 스메타나Bedřich Smetana의 「나의 조국Ma Vlast」을 추천한다. 곡 전체가 격동의 시기를 지나는 체코의 역사를 떠올리게 하지만, 그중에서도 「블타바No. 2. Vltava(The Moldau)」는 장강의 도도한 물결을 떠올리게 하며 큰 위로를 안겨주는 작품이다. 익숙한 주제지만 들을 때마다 마음을 움직이는 힘이 있다.

부활의 기적을
체험하다

헨델 「메시아−할렐루야」

연말연시에는 어디에 가나 크리스마스 캐럴을 들을 수 있지만, 그에 못지않게 자주 연주되는 음악이 헨델의 「메시아」와 베토벤의 「합창 교향곡」이다. 묵은해를 보내고 새해를 맞기에 좋은 곡들이기 때문이다. 특히 「메시아」는 크리스마스의 종교적 의미와도 맞닿아 있어 연주자뿐만 아니라 기독교인에게도 단골 레퍼토리다. 익숙하지만 막상 들으면 새로운 감동을 주는 곡이기도 하다.

헨델은 뛰어난 오페라 작곡가로 영국에서 큰 성공을 거두었으나 오페라단 운영 문제로 어려움을 겪었다. 설상가상으로 헨델은 뇌출혈로 인한 마비로 음표 하나 그릴 수 없는 처지가 됐다. 다행히 기적적으로 건강을 회복했고 더블린의 음악회를 위한 새 작품의 작곡에 들어갔다. 젠넨스Charles Jennens로부터 그리스도의 탄생과 수난, 부활의 내용을 다룬 대본을 받은 헨델은 1741년 8월에 새 오라토리오 「메시아」의 작곡에 착수했다.

작품의 주제 자체가 죽음과 부활이기도 하지만, 때마침 헨델의 상황과 맞물려 일생일대의 대작을 완성하면서 그의 부활을 알렸다. 그중에서도 합창 「할렐루야Chorus Hallelujah」가 가장 유명한데, 영국 초연 당시 국왕 조지 2세가 「할렐루야」의 장엄한

합창을 듣고 감격해 벌떡 일어났다는 일화가 유명하다. 그래서 오늘날에도「할렐루야」합창이 연주될 때는 청중 모두 기립하는 것이 전통이다.

이렇듯 종교를 떠나 "할렐루야"라고 합창하는 것을 들으면 마음에 기운이 솟아나는 것을 느낄 것이다. 이 곡은 나에게는 더욱 특별하다. 프롤로그에서 언급한 것처럼 내담자의 마비된 감각이 부활했던 경험을 안겨준 곡이기 때문이다. 능동적으로 음악을 즐기면 신체의 활성 신호와 면역체계가 강화된다는 점도 덧붙이고 싶다.

누구나 죽음은 두렵다. 죽음 너머에 아무것도 없을지 모른다는 공포심은 때론 삶에도 영향을 줄 정도다. 죽음의 공포를 극복할 수 있는 방법 중 하나는 부활에 대한 희망이다. 신앙의 차원에서뿐만 아니라 사회적인 차원에서도 그러하다. 점점 노쇠해가는 인간에게 육체적인 것이 아니라도 부활의 메시지를 줄 수 있다면, 죽음에 대한 두려움을 감내할 수 있지 않을까?

리하르트 야코비치 「태양」

- 헨델 「메시아-할렐루야*Chorus Hallelujah from Messiah HWV 56*」

- 형태: 합창곡

- 제시문: 죽음과 부활이라는 주제와 가장 관련이 깊은 현상
  이 바로 태양이다. 어둠과 빛이라는 대비도 그러하지만, 동
  지까지 점점 짧아지던 해가 다시 길어지기 시작할 때 한
  해가 새롭게 시작하는 것도 죽음과 부활의 의미를 담고 있
  다. 마찬가지로 여명에서 한낮의 강렬한 햇살로 변하는 그
  림을 보며 음악에 집중해보자.

 같이 들으면 좋은 음악

「할렐루야」 같은 감정의 고양을 일으키는 곡으로 라벨의 「볼
레로Bolero」가 있다. 동일한 조에서 주제가 일관된 리듬을 따르
면서 악기 편성을 달리하며 점차 느리게 고조된다. 하나의 리
듬과 두 개의 주제가 처음부터 끝까지 단조롭게 반복돼도 긴

장감을 늦출 수 없다. 반복되는 음악의 패턴은 마치 머릿속을 맴도는 후크송처럼 각인된다. 피아니시모pianissimo의 매우 작은 셈여림에서 출발해 마침내 결말의 폭발적인 관현악 합주를 들으면 자리에 벌떡 일어나고 싶은 심정이 들 것이다.

당신께
기도드립니다

구노 「아베 마리아」

인생의 종착역인 죽음을 성찰하기 위해 우리가 할 수 있는 것은 무엇일까? 죽음을 준비하면서 현재의 삶을 더 충실하게 사는 방법이 있을 것이다. 나아가 죽음 이후의 삶이라는 영원에 대한 갈구가 결국 우리를 절대자에게 기도하는 자리로 이끈다.

「아베 마리아Ave Maria」는 가톨릭 미사에서 사용하는 기도문에 곡을 붙인 것이다. 특정 종교에서 사용하는 음악을 넘어 많은 사람에게 사랑받는 레퍼토리가 있다. 그중 대표적인 것이 슈베르트와 구노Charles Gounod의 작품이다. 장중하면서 아름다운 선율을 통해 간절히 기도하는 심정을 드러낸 이 곡은 듣는 이에게 경외감을 주는 동시에 바라는 바를 절실히 빌고 싶은 마음이 들게 만든다.

구노의 「아베 마리아」는 바흐의 「평균율 클라비어곡집Das Wohltemperierte Klavier」 중 「프렐류드 1번Prelude No.1 in C Major」을 성악곡으로 편곡한 것이다. 종교음악으로 활동을 시작했던 구노의 신앙심이 반영된 곡이지만, 간절히 바라는 것에 대한 애달픔과 경건한 마음이 절절히 표현돼 종교를 떠나 모든 사람의 공감을 자아내기에 충분하다. 이 곡의 진정한 힘은 차분히 내적인 힘에 집중하게 만드는 것에 있다.

인생의 마침표를 찍는 순간은 누구에게나 온다. 그래서 인생에서 의미를 찾는 사람은 어느 순간이 될지 모르는 자신의 죽음을 준비해야 한다. 그때 근원적인 해답과 마음의 위안을 얻고 싶은 사람에게 권한다. "당신께 기도드립니다."라는 고백과 함께 자신의 내면을 깊이 들여다보면 삶에 대한 새로운 열망을 얻을 수 있을 것이다.

알브레이트 뒤러 「기도하는 사람」

- **구노「아베 마리아** *Ave Maria*」

- **형태: 성악곡**

- **제시문:** 누구나 교회나 사찰에서 기도하는 모습을 보거나 기도하는 소녀의 그림을 차에 걸어놓은 것을 본 기억이 있을 것이다. 간절하면 기도하게 된다. 지금 나에게 그토록 간절한 것이 무엇인지 눈을 감고 생각해보자.

♫♪ 같이 들으면 좋은 음악

바그너의「탄호이저 Tannhäuser」에 나오는「순례의 합창 Pilgerchor」을 추천한다. 순례를 마치고 속죄와 참회로 평안을 바라는 이 노래를 통해, 인생의 마지막 여정인 죽음에 대해 한번 더 생각해보게 된다. 우리는 결국 흙으로 돌아가기에 그곳에서 안식을 얻으리라는 희망이 필요하다. 기도하는 마음으로 이 음악을 들어보자.

인생의 마지막을 바라보는
슬픈 미소

멘델스존 「바이올린 협주곡 마단조」

맛집도 '○○ 5대 맛집'이라고 구태여 구분하듯이, 클래식도 그런 타이틀을 붙이는 경우가 있다. 멘델스손Felix Mendelssohn의 「바이올린 협주곡 마단조Violin Concerto in E Minor」는 베토벤, 브람스와 더불어 세계 3대 바이올린 협주곡 중 하나로 꼽히는 걸작이다. 서주에 시작되는 바이올린 독주는 바람결에 나부끼는 코스모스처럼 은은하게 피어오르는 멜로디로, 이 곡이 여전히 사랑받는 큰 이유 중 하나이다.

멘델스존은 동료이자 친구인 다비트Ferdinand David의 바이올린 실력과 음악성을 인정하고 있었다. 그래서 그를 위한 바이올린 협주곡을 구상하고 있었는데, 멘델스존이 다비트에게 보낸 편지를 보면 마단조의 주제 선율이 머리에서 맴돌아 다른 것은 아무것도 생각하지 못하겠다고 할 정도였다. 이 바이올린 협주곡에는 한 사람이 태어나고 성장해서 사랑하는 삶의 계단이 일종의 순환 형식으로 나타나 있다. 우리는 이를 통해서 '운명의 수레바퀴'를 느끼게 된다.

원래도 사랑받는 곡이지만 즐겨듣는 레퍼토리가 된 것에는 바이올리니스트 정경화의 영향이 크다. 아직 세계 클래식 무대에서 한국인 연주자가 주목을 받지 못하던 시절에 독보적으로 자신의 영역을 개척해나간 정경화의 음반을 자주 듣고 감명을 받았기 때문이다. 요즈음은 'K-클래식'이라는 말을 쓸 정도이니 달라진 한국의 위상을 실감하게 된다.

인생의 희로애락이 모두 들어 있지만, 특히 슬픔의 감정을 더욱 깊이 느낄 수 있는 이 작품을 듣다 보면 삶의 마지막을 떠올릴 수밖에 없다. 이 곡의 정서는 어쩌면 그 과정에서 기쁨과 슬픔의 양가감정이 소용돌이치는 슬픈 미소 같다는 느낌이 든다. 인생의 마지막을 애잔히 바라보는 것과 같은 이 곡을 들으면서 '운명의 수레바퀴'를 천천히 돌려보자.

 그림과 함께 듣는 음악

- 멘델스존 「바이올린 협주곡 마단조 *Violin Concerto in E Minor*」
- 형태: 바이올린 협주곡
- 제시문: 도입부의 멜로디는 파도에 위태로이 흔들리는 작은 배 같다. 아슬아슬하지만 전복의 위험까지는 느껴지지 않는다. 다만 삶의 고단함이 만만치 않을 뿐이다. 여기서 희망을 발견할 것인지, 낙담에 빠질 것인지는 우리에게 달렸다. 음악이 진행될수록 결심을 굳히고 파도를 헤쳐나가길 기원한다.

이반 아이바좁스키 「아홉 번째 파도」

차이콥스키의 「바이올린 협주곡Violin Concerto in D Major」을 추천한다. 이 작품 역시 정경화의 주요 레퍼토리 중 하나이고 두 작품이 나란히 수록된 앨범도 있다. 그만큼 같이 듣기 좋은 음악이며, 이 곡도 만만치 않은 사연이 있다. 이 곡의 초연을 부탁한 연주자는 연주 불가능이라고 선언했고, 평론가들에게는 혹평을 받았다. 그렇지만 이 곡이 가진 매력이 결국 승리해 세계적으로 사랑받는 명곡이 됐다. 죽음에서 부활한 것과 같은 이 작품처럼 우리의 삶에도 반전을 기대해보자.

죽음을 통해 오히려
자유와 치유를 느끼다

베토벤 「피아노 협주곡 5번」

푸치니 「나비 부인-허밍 코러스」

◇

◇

'죽음'이라는 주제로 음악감상을 시작해보자.

1. 가치 카드 고르기

열한 개의 가치 카드 중 하나를 골라보자.

믿음 *Faith*	평화 *Peace*	항복/내어줌 *Surrender*
통합 *Synthesis*	신뢰 *Trust*	긍휼 *Compassion*
은총 *Grace*	감사 *Gratitude*	빛 *Light*
자유 *Freedom*	치유 *Healing*	

2. 이완

음악에 집중할 수 있는 환경을 구성하고, 심호흡과 스트레칭으로 신체의 긴장을 풀고 음악을 감상하자.

3. 음악 듣기

다음에 제시된 두 곡을 연속으로 듣는다.

베토벤

「**피아노협주곡 5번** *Piano Concerto No.5 in E-flat b Major*」

베토벤의 「피아노 협주곡 5번」은 장대한 스케일, 왕성한 추진력, 찬란한 색채로 타의 추종을 불허한다. 이 작품을 흔히 「황제」라고 부르는 이유가 여기에 있다. 특히 2악장은 차분하게 가라앉은 분위기, 온화하게 이어지는 흐름, 그 위에 신중하게 올라오는 피아노 독주의 선율이 백미인데, 숭고하고 성스러운 기운마저 서려 있다.

푸치니

「**나비 부인-허밍 코러스** *Coro a Bocca Chiusa from Madam Butterfly*」

푸치니의 「허밍 코러스」는 오페라 「나비 부인」에서 비극적 결말을 앞두고 부르는 애절하고 아름다운 노래다. '입을 다물고 부르는 합창'이라는 곡의 제목처럼 말로 다 표현할 수 없는 인생의 애환이 담겨 있어 듣는 이의 심금에 애잔한 파문을 일으킨다.

4. 감상 정리하기

* 이 파트의 감상과 그림은 당사자의 동의를 받아서 실명과 함께 소개합니다.

치유·· 곧 고향을 방문한다는 김민지 대학원생은 가족과 친구들을 만날 생각에 설레는 마음으로 감상에 임했다. 첫 번째 음악을 듣고 성당을 떠올렸는데, 좋았던 기억부터 흑역사까지 되돌아보았다. 두 번째 음악에서는 요즘은 연락하지 않는 친구들, 딸바보 아버지와 가족들을 떠올리며 사랑하는 존재와 심상을 마무리할 수 있어 행복했다.

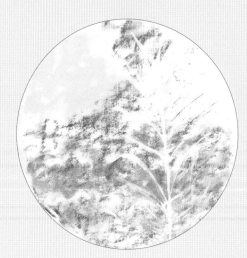

김민지 「我」

평화·· 더 평화로운 일상을 원하는 이하경 대학원생은 가장 가고 싶은 공간인 바다를 떠올리며 음악을 감상했다. 첫 번째 음악을 들으며 넓고 고요한 바다를 떠올렸는데, 쓸쓸하고 슬픈 감정이 들면서 어둡고 끝을 알 수 없는 이미지가 생각나 눈을 감았다. 두 번째 음악에서는 바닷속에 있는 것을 떠올렸는데, 보글보글 물방울이 터지는 소리를 들었고 수면으로 들어오는 빛이 형형색색으로 빛나며 따뜻하게 자신을 감싸는 것을 느꼈다.

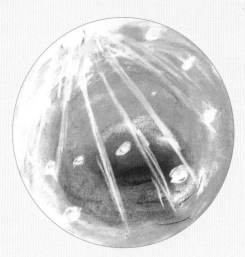

이하경 「바닷속」

5. 강평

참여자들에게 '죽음'이라는 주제가 저항감이 있을 수 있어 평화와 안식이라는 주제어로 대체해 감상을 제시했다. 이처럼 음악감상을 통해 내면을 탐색할 때는 참여자의 상황에 맞도록 그 방법을 적절히 변용할 필요도 있다. 성스러운 기운 속에서 들떠 있는 마음을 가라앉히고 비로소 '내'가 돼 걷고 있다는 감상처럼 삶에 대한 깊이 있는 성찰이 가능했다.

음악의 여정이
나의 내러티브를 만든다

4차 산업혁명 열풍이 꺼질 줄 모른다. 거의 모든 분야에서 그에 대한 대응과 활용 방안이 제시되고 있으며, 예술과 관련된 것으로는 NFT가 있다. 대체 불가능한 토큰이라는 이 개념은 원본과 복제본의 차이를 구분할 수 없는 디지털시대에 새롭게 등장한 기술이다. 블록체인을 활용해 디지털 원본을 확정하는 것으로 새로운 부가가치를 창출해낼 수 있다는 개념이다. 예술 관계자뿐만 아니라 일반인도 금전적인 이득에 대한 기대와 더불어 많은 관심을 보이고 있다.

그렇다면 음악은 어떠한가? 악보나 음원에 이 방식을 적용한 상품을 만들어낼 수 있을 것이다. 작곡가의 첫 번째 악보를 상품화할 수 있고, 음원을 발매할 때 1에서 10까지 번호를 붙이는 식으로 다른 음원과 차별화할 수도 있다. 복고 열풍으로 LP가 고가에 거래되는 것을 보면 그 가능성은 충분한 것으로 보인다. 하지만 음악과 다른 예술 장르의 중요한 차이점을 우선 살펴봐야 한다. 내가 음악의 힘에 대해 글을 쓰게 된 이유 중 하나이기도 하다.

음악은 영원히 실시간인 예술이다. 우리는 다양한 음향기기를 활용해 음원을 들을 수 있고 이전에 연주한 영상을 감상할 수 있다. 과거의 음악을 들으면 그때 그대로 감상하는 것 같지만 음악은 녹음, 녹화된 시점에 고정되지 않는다. 음악이 가지는 특수성은 연주자와 감상자가 실시간으로 만나는 지점에서만 실현되는 예술이기 때문이다.

그렇기에 수많은 연주가 공연되고 지금도 연주자들이 새로운 해석으로 클래식 음악에 도전하는 것이고, 대중음악의 경우에도 끊임없이 리메이크를 하는 원동력이 된다. 우리는 파리 루브르 박물관에서 「모나리자」를 보듯 음악을 즐기지 않는다. 100년 전 명반보다 오늘 거리에서 듣는 버스킹이 와닿을 수 있는 것이 음악이기 때문이다. 엄밀히 따지면 예전 음원을 들을 때조차 지금 감상하고 있는 나와 상호 영향을 주고받기에 새로운 경험이 되는 것이다.

한 가지 다행스러운 점은 예전보다 클래식 음악을 접하기 쉬운 환경이 됐다는 것이다. 정명화, 정경화, 정명훈으로 이루어진 정 트리오로 대표되는 1세대 클래식 음악가들을 시작으로, 조수미라는 프리마돈나를 거쳐, 피아니스트 10년 주기설이라는 신조어를 만들어낸 임동혁, 조성진, 임윤찬이라는 신예 연주자들에 이르기까지 이제 클래식에서도 한류가 강세를 보이고 있다.

고무적인 것은 내가 가르치고 있는 음악치료학과에도 중국인 유학생이 공부할 정도로 우리나라 음악 수준과 그 힘을 다루는 능력이 여느 나라에 뒤지지 않는다는 것이다.

이렇듯 클래식 붐을 일으킨 좋은 음악가들이 많아지고 우리의 문화인프라가 성장한 것과 더불어, 스마트폰만 있으면 원하는 곡을 언제든지 찾아들을 수 있는 시대가 됐다. 곡에 대한 정보도 많지 않고 원하는 연주를 담은 음반도 구하기 쉽지 않았던 일은 옛날 옛적 이야기가 돼버리고, 실시간으로 해외에서 연주하는 공연을 감상할 수 있으니, 마음만 먹으면 클래식과 친해지는 것은 일도 아니다.

이 책에서 다양한 클래식을 소개하고, 그것을 감상하는 가이드를 제시하며, 덧붙여 10분 힐링 음악감상까지 제안하는 것은 바로 이러한 음악의 힘을 느꼈으면 하는 마음에서다. 책을 읽는 것도 중요하지만 단 한 곡이라도 음악을 그 자체로 감상하면서 자신을 마주하는 시간을 갖기를 권한다.

음악감상은 오롯이 개인의 몫이다. 하지만 음악은 작곡자의 의도, 보편적인 감상평을 포함하는 '음악 리터러시literacy'가 존재한다. 음악의 힘을 온전히 사용하기 위해서는 음악 리터러시를 바탕으로 개인의 감상을 자유로이 확장해야 한다. 이 책이 그러한 능력을 키우는 데 일조하기를 바란다.

클래식 음악으로의 여정이 나의 내러티브를 만든다. 음악을 감상하며 자신의 내면을 탐색하는 과정에서 자신만의 내러티브를 찾아내 심리적 문제에 대한 실마리를 구해보자. 그것이 바로 '음악의 힘'이며 '클래식이 인생에 필요한 순간'이다.

여러모로 부족함이 많은 이 책이 독자들의 마음 탐구 여정에 조금이나마 힘이 되길 기대한다. 이제 스마트폰을 켜고 자신의 플레이 리스트를 탐색하거나 콘서트홀에서 라이브로 연주를 들어보자. 당신의 삶에 변화가 시작될 것이다.

참고 문헌

- 『융합의 시대:예술적 상상과 현실』권혜영·문소영 외 공저, 한국문화사, 2022
- 『GIM과 MI:음악을 통한 개인치료와 그룹치료 기법』Denise Grocke, Torben Moe 저/문소영 외 공역, 학지사, 2018
- 『음악치료 핸드북』Barbara L. Wheeler 편저/전국음악치료사협회·문소영 외 공역, 시그마프레스, 2016
- 『음악치료 수용기법:음악치료 교육 및 임상을 위한 지침서』Denise Grocke, Tony Wigram 저/문소영·이윤진 공역, 학지사, 2011
- 『음악치료 기법과 모델』정현주·문소영 외 공저, 학지사, 2006
- 「The Rehabilitative Effects of Piano-Playing Music Therapy on Unilateral and Bilateral Motor Coordination of Chronic Stroke Patients:A MIDI Analysis」The University of Melbourne, 문소영 박사학위 논문, 2008
- www.wikipedia.org

254

음악 목록

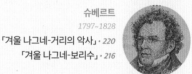

음악의 힘

초판 1쇄 인쇄 2022년 9월 19일
초판 1쇄 발행 2022년 9월 23일

지은이 문소영
펴낸이 김선식

경영총괄 김은영
편집인 이여홍

편집관리팀 조세현, 백설희 저작권팀 한승빈, 김재원, 이슬
마케팅본부장 권장규 마케팅2팀 이고은, 김지우
미디어홍보본부장 정명찬 홍보팀 안지혜, 김민정, 오수미, 송현석
뉴미디어팀 허지호, 박지수, 임유나, 송희진, 홍수경 디자인파트 김은지, 이소영
재무관리팀 하미선, 윤이경, 김재경, 안혜선, 이보람
인사총무팀 강미숙, 김혜진, 황호준 제작관리팀 박상민, 최완규, 이지우, 김소영, 김진경, 양지환
물류관리팀 김형기, 김선진, 한유현, 민주홍, 전태환, 전태연, 양문현, 최창우
외부스태프 교정교열 김민영 디자인 표지 어나더페이퍼 본문 박재원

펴낸곳 다산북스 출판등록 2005년 12월 23일 제313-2005-00277호
주소 경기도 파주시 회동길 490
전화 02-702-1724 팩스 02-703-2219 이메일 lyh22@dasanimprint.com
홈페이지 www.dasan.group 블로그 blog.naver.com/dasan-books
종이 한솔피앤에스 인쇄 민언프린텍 코팅 및 후가공 제이오엘엔피 제본 국일문화사

ISBN 979-11-306-2663-5 (03810)